한 권으로 끝내는 역사 버스 시리즈 01

오천 년 한반도 역사 속을 달리는

한국사 버스

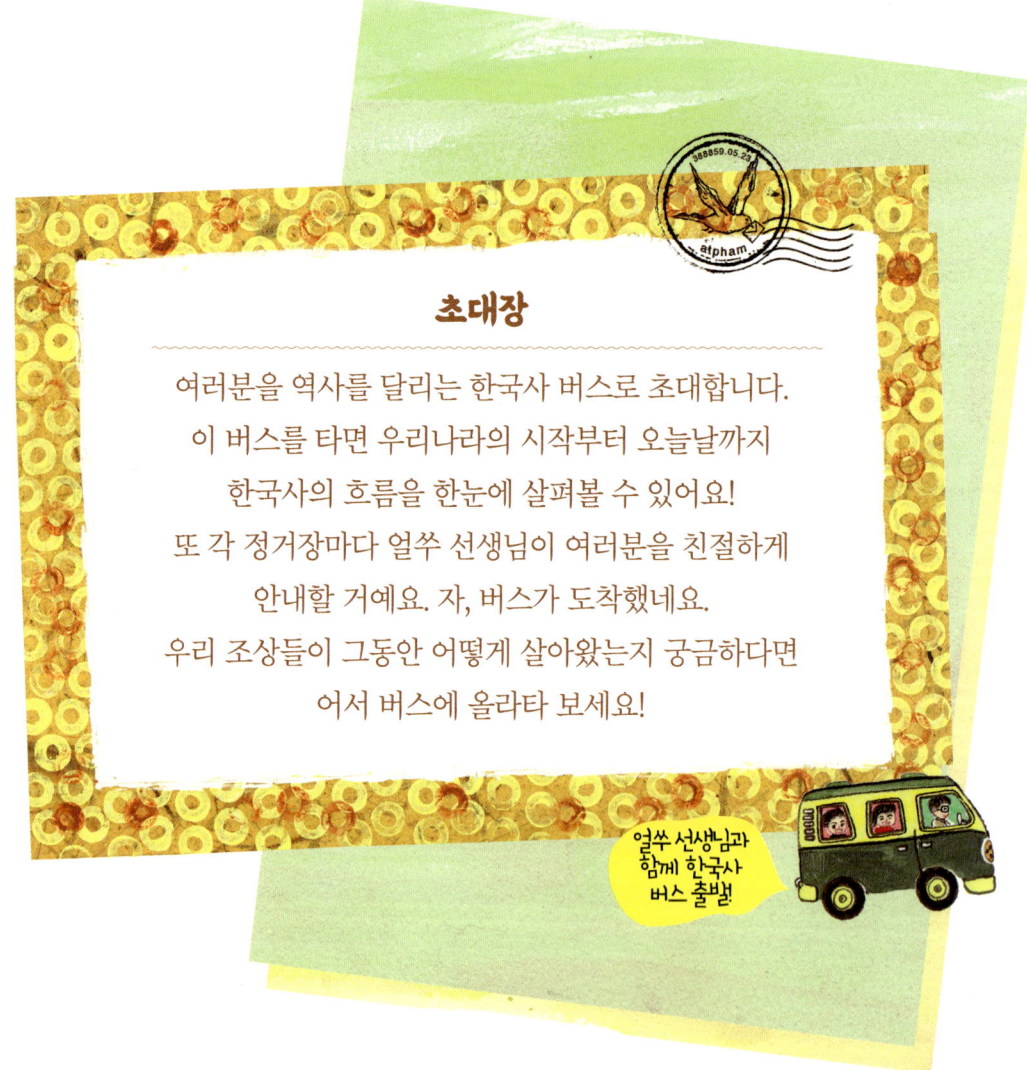

초대장

여러분을 역사를 달리는 한국사 버스로 초대합니다.
이 버스를 타면 우리나라의 시작부터 오늘날까지
한국사의 흐름을 한눈에 살펴볼 수 있어요!
또 각 정거장마다 얼쑤 선생님이 여러분을 친절하게
안내할 거예요. 자, 버스가 도착했네요.
우리 조상들이 그동안 어떻게 살아왔는지 궁금하다면
어서 버스에 올라타 보세요!

얼쑤 선생님과 함께 한국사 버스 출발!

오천 년 한반도 역사 속을 달리는
한국사 버스

박찬구 글 · 서선미 그림

작가의 말

옛사람의 지혜로운 발자취를 따라가는 버스를 타고

여러분 안녕? 나는 역사를 달리는 한국사 버스의 얼쑤 선생님이란다. 자, 먼저 선생님이 문제를 내볼게. 우리가 살고 있는 이 한반도에는 언제부터 사람이 살기 시작했을까? 한반도에 처음 살았던 사람들은 어떻게 생활했을까? 우리는 왜 남과 북으로 나누어졌을까?

자, 이 질문에 대한 답을 어떻게 찾아야 할까? 바로 역사를 알아야 해. '역사'는 우리보다 앞서 살았던 사람들의 삶과 그 당시의 일을 사실대로 기록해 놓은 것이란다. 그리고 '한국사'는 바로 우리 민족이 까마득한 옛날부터 지금까지 걸어온 삶의 길이라고 할 수 있지.

역사는 너무 복잡하고 어렵다고? 그렇다면 역사를 왜 배워야 하는지 한번 생각해 볼까? 만일 어느 날 여러분에게 어려운 일이나 고민거리가 생긴다면 어떻게 하겠니? 아마 형이나 언니 등에게 고민을 털어놓

거나 부모님에게 도움을 구할지도 몰라. 바로 나보다 경험이 많은 사람들에게 지혜와 조언을 얻는 것이지.

역사도 마찬가지야. 오늘날 사람들은 과거 우리 조상들의 삶의 경험과 발자취를 통해 지금의 어려움이나 고민에 대한 교훈을 얻을 수 있단다. 그러니 역사는 우리가 어떻게 살아가야 하는지를 일러 주는 소중한 거울 같은 것이지. 우리는 조상들의 역사를 통해 우리 사회를 더욱 좋은 방향으로 발전시키는 것은 물론, 지금도 시시각각 새로운 역사를 만들어 가고 있기도 해. 지금 우리가 만드는 역사는 앞으로 우리의 후손들에게 소중한 교훈으로 전해질 거란다.

자, 이제 모두 40곳의 한국사 정거장으로 얼쑤 선생님과 버스를 타고 여행을 떠나 볼까? 한국사 버스를 타고 정거장 한 곳, 한 곳을 지나며 직접 한국사 속의 인물도 되어 보고, 그 장소에 실제로 있다고도 생각해 봐. 만일 여러분이라면 그 역사 상황 속에서 어떻게 행동했을지 상상해 보는 것도 좋아. 그러면 한국사도 오랜 친구처럼 여러분에게 친숙한 얼굴로 다가올 거야.

그리고 마지막 마흔 번째 정거장에서 내릴 때쯤이면, 어느새 수천 년 한국사 전체를 꿰뚫고 있는 스스로를 발견하게 될 거야.

 박찬구

차례

작가의 말 4

우리 역사의 시작
구석기 시대에서 철기 문화의 보급까지

1 한반도에 사람이 살기 시작했어요 12
2 단군이 고조선을 세웠어요 16
3 또 다른 나라들도 있었어요 20

키워드와 사진으로 정리하는 우리 역사의 시작 24

삼국의 발전
삼국의 건국에서 후삼국 시대까지

- 4 주몽이 고구려를 세웠어요 28
- 5 온조와 비류가 백제를 세웠어요 32
- 6 박혁거세가 신라를 세웠어요 36
- 7 가야는 철의 나라였어요 40
- 8 고구려가 동북아시아 강대국이 되었어요 44
- 9 백제 문화는 아시아 최고였어요 50
- 10 신라가 세력을 키우기 시작했어요 54
- 11 살수 대첩과 안시성의 싸움이 일어났어요 58
- 12 백제 오천 결사대가 쓰러지고 말아요 62
- 13 삼국이 하나로 통일되었어요 66
- 14 대조영이 발해를 세웠어요 70
- 15 궁예, 견훤, 왕건의 후삼국이 세워졌어요 74
- 키워드와 사진으로 정리하는 삼국의 발전 78

통일된 나라 고려
고려의 건국에서 위화도 회군까지

16 왕건이 새 나라 고려를 세웠어요 84
17 서희의 외교로 거란을 물리쳤어요 88
18 윤관이 여진을 몰아냈어요 92
19 무신의 난이 일어났어요 96
20 만적의 난이 일어났어요 100
21 몽골군이 고려를 침입했어요 104
22 신진 사대부가 쿠데타를 일으켰어요 108
　　키워드와 사진으로 정리하는 통일된 나라 고려 112

유교의 나라 조선
조선의 건국에서 개항 시대까지

23 이성계가 조선을 세웠어요 118
24 조선의 문화가 꽃을 피웠어요 122
25 훈구파와 사림파가 서로 대결했어요 128
26 임진왜란이 일어났어요 132
27 병자호란이 일어났어요 138
28 붕당 사이에 대립이 심했어요 144
29 영조가 탕평책을 실시했어요 148

30 정조가 조선의 르네상스를 열었어요 152

31 서양 열강이 쳐들어왔어요 156

32 운요호 사건이 일어났어요 160

33 명성 황후가 시해되었어요 164

키워드와 사진으로 정리하는 유교의 나라 조선 168

격변하는 세계와 우리나라
일제 강점기에서 민주화 시대까지

34 일본이 조선의 외교권을 박탈했어요 174

35 독립운동이 활발히 일어났어요 178

36 우리나라가 광복을 맞았어요 182

37 대한민국 정부가 수립되었어요 186

38 6·25 전쟁이 일어났어요 190

39 민주화 투쟁이 일어났어요 194

40 통일을 위한 노력이 필요해요 198

키워드와 사진으로 정리하는 변하는 세계와 우리나라 202

한국사 연표 206

삼국 통일
676년

발해 건국
698년

후백제 건국
900년

후고구려 건국
901년

고려 건국
918년

병자호란
1636년

탕평책 실시
1725년

임진왜란
1592년

병인양요
1866년

우리 역사의 시작
구석기 시대에서 철기 문화의 보급까지

강화도 조약
1876년

동학 농민운동
1894년

한일 병합
1910년

을사조약
1905년

대한제국 성립
1897년

서울 올림픽 개최
1988년

6·15 남북 공동 선언
2000년

1 한반도에 사람이 살기 시작했어요

기원전 약 70만 년 전부터 기원전 약 1500년경까지
구석기·신석기·청동기 시대

> 우리 어여쁜 가축들아, 잘 먹어라.

오늘날 우리가 서 있는 이 땅에는 오랜 세월 우리 조상들이 살아왔단다. 그러면 과연 얼마나 오래전부터 사람이 살았는지 다 같이 한국사 버스를 타고 과거로 떠나 볼까?

우리가 도착한 이 정거장은 약 70만 년 전이야. 가늠하기도 힘든 먼 옛날이지? 이때는 사람이 문자를 사용하기 전이었어. 그래서 글로 남겨진 기록이 없지. 그러면 그때 사람들의 생활은 어떻게 알 수 있을까? 방법이 있어. 당시 집터나 무덤, 쓰레기 더미, 바위에 그려진 그림을 보고 사람들이 어떻게 살았는지 추측하는 것이지.

　그때 사람들은 돌로 만든 도구로 사냥을 하고, 이곳저곳을 다니며 식물의 열매와 뿌리를 구해 먹었어. 이 시기를 큰 돌을 작은 돌로 쳐서 떼어 낸 뗀석기를 주로 사용했다고 해서 구석기 시대라고 부르지.

　그런데 지금으로부터 약 10만 년 전 우리나라에는 동해와 황해가 없었대. 무슨 말이냐고? 그때는 날씨가 아주 추워서 바다가 얼어붙었던 빙하기였어. 그래서 바다의 높이가 지금보다 낮아 육지가 그대로 드러나 있었지. 우리나라와 중국, 일본도 육지로 모두 이어져 있었단다. 그러다 나중에 지구의 빙하가 녹아 바닷물의 높이가 높아지자 지금처럼

빗살무늬 토기
흙으로 만든 그릇에 빗살
무늬를 새긴 토기예요.

우리나라와 일본 사이에 동해가, 중국 사이에는 서해가 생긴 거야.

그로부터 한참 시간이 흘러 기원전 8000년쯤에는 신석기 시대가 시작되었어. 구석기 시대와 달리 이때 사람들은 농사를 지었단다. 농사를 지을 때 가장 중요한 건 물이겠지? 그래서 사람들은 주로 물이 풍부한 강이나 바닷가 주변에 많이 살았어.

농사를 짓기 시작하자 사람들은 더 이상 먹을거리를 찾아 이동하지 않고 한곳에 머물러 살게 되었어. 가축도 기르고, 곡식이나 열매를 담는 그릇도 만들었지. 빗살무늬 토기는 신석기를 대표하는 유물이야. 또 이때는 돌을 갈아서 만든 도구인 간석기도 사용했단다.

그 뒤로는 구리와 주석을 섞어 만든 청동기도 등장했어. 여러 가지 도구나 장식품을 돌이 아닌 청동으로 만들기 시작한 거야. 기원전 약 2000년에서 기원전 1500년쯤 되는 시기야. 이 시기를 석기 시대와 구분해 청동기 시대라고 하지.

물론 청동기 시대에도 생활 도구는 대부분 돌이나 나무로 만들었어. 왜냐고? 청동기를 만드는 구리는 흔하지 않았고, 만드는 것도 무척 어려웠거든. 그래서 청동기는 마을의 지배자가 사용하는 무기나 장식품을 만드는 데만 사용되었어.

고인돌을 세우는 데는 많은 사람이 필요해. 그래서 그 크기로 지배자의 힘이 얼마나 컸는지 알 수 있지.

고인돌
고인돌은 청동기 시대 지배자나 그 가족의 무덤이에요.

청동기를 쓰는 지배자는 누구였을까? 청동기 시대에는 농사를 짓는 기술이 발달해 먹을 것도 많아졌고, 더불어 사람들도 늘어나기 시작했어. 그러자 사람들은 마을을 이끌어 갈 사람을 원했어. 그래서 통치자를 뽑아 마을을 다스리게 했어. 통치자는 청동 무기를 가지고 이웃 마을과 전쟁을 해 자기 마을 땅을 넓히기도 했단다.

이번 정거장에서 더 알아보기

구석기, 신석기, 청동기 시대 사람들이 살던 곳

구석기 시대 사람들은 나뭇가지나 가죽으로 막집을 지었어요. 또한 신석기와 청동기 시대에는 땅을 직사각형이나 둥근 모양으로 파고, 둘레에 기둥을 세워 짚이나 풀로 지붕을 씌운 움집을 만들었지요. 그래서 움집은 반은 땅 밑에, 반은 땅 위에 있는 집인 셈이에요. 움집 안에는 불을 피우는 화덕과 곡식을 저장하는 구덩이도 있었답니다.

신석기, 청동기 시대 사람들의 농사짓기

신석기 시대에는 조나 피를 농사지어 먹었어요. 청동기 시대에는 조나 보리, 콩 등을 키웠고, 벼농사도 처음 시작했어요. 또 곡물을 가는 맷돌도 사용했답니다.

2 단군이 고조선을 세웠어요

기원전 2333년부터 기원전 108년까지
단군왕검의 고조선 건국

두 번째 정거장은 어디일까? 바로 우리나라에 처음으로 세워진 나라, 고조선이란다. 고조선은 기원전 2333년에 세워졌지. 상상해 봐. 정말 오래전의 일이야! 그런데 고조선이라는 나라는 처음에 어떻게 세워졌을까? 고려 시대 일연이라는 승려가 지은 《삼국유사》라는 역사책에는 '단군 신화'가 나오는데 그 이야기를 보면 알 수 있단다. 신화를 살펴볼까?

먼 옛날, 하늘의 신 환인은 자기의 아들인 환웅을 인간 세상으로 내려보냈어. 환웅은 3,000명의 무리를 이끌고 인간 세상인 태백산으로

내려와 그곳에 도시를 세웠지. 그리고 환웅은 바람을 다스리는 어른, 비를 다스리는 어른, 구름을 다스리는 어른에게 인간 세상의 농사와 생명, 질병, 형벌, 선악을 맡게 했어.

그러던 어느 날이었어. 동굴에 사는 곰 한 마리와 호랑이 한 마리가 찾아와 환웅에게 사람이 되게 해 달라고 한 거야. 그러자 환웅은 "너희들이 쑥 한 자루와 마늘 스무 개를 먹고 100일 동안 햇빛을 보지 않으면 사람이 될 수 있다."라고 했단다. 둘은 그 말을 따르기로 했지만 호랑이는 중간에 견디지 못하고 동굴을 뛰쳐나가 버렸어. 하지만 곰은

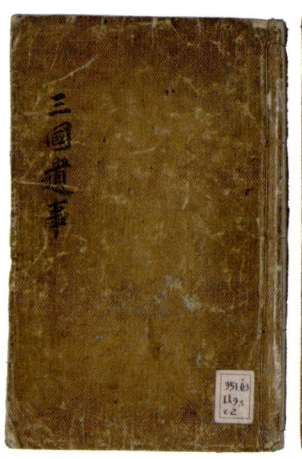

삼국유사
일연이 지은 이 책에는 단군 신화가 기록되어 있어요.

신화는 실제로 일어난 일은 아니지만 당시 나라의 모습을 상상하게 해주지.

끝까지 참고 이겨 내 결국 여자가 되었어. 곰에서 여자가 된 웅녀는 환웅과 결혼해 아들을 낳았는데, 그가 바로 단군왕검이야.

우리에게 단군 신화가 있는 것처럼 다른 민족들에게도 신화가 있어. 물론 신화는 실제로 있었던 일이라고 하기는 어려워. 다만 당시 나라의 모습을 상상하게 해 줄 뿐이지. 단군 신화는 태백산에 살던 환웅 부족이 곰을 숭배하는 부족을 자기편으로 만든 다음 힘을 모아 호랑이를 숭배하는 부족을 몰아냈다는 것을 짐작하게 해. 신화 속의 곰과 호랑이는 당시 사람들이 수호신처럼 숭배하던 동물임을 보여 준단다. 바람과 비, 구름을 주관하는 어른이 나오는 부분에서는 고조선이 농사를 짓는 사회였다는 것이 드러나지.

단군은 고조선을 세울 때 '널리 인간을 이롭게 하는 것'을 가장 중요하게 여겼어. 바로 홍익인간 정신이지. 이렇게 세워진 고조선은

비파형 동검
고조선의 세력을 보여 주는 유물로, 중국의 악기인 비파처럼 생겼다고 해서 비파형 동검으로 불러요.

청동기 문화를 바탕으로 한반도 북부와 만주 일대에서 세력을 점점 넓혔어. 이곳에서 발견되는 동(구리)으로 만든 비파형 동검, 세형 동검 같은 유물은 고조선의 세력이 어디까지 미쳤는지를 보여 주지.

그러다 기원전 2세기쯤에는 동보다 단단한 철기를 다룰 줄 알았던 위만이라는 사람이 고조선으로 와 왕이 되면서 고조선은 힘이 더 강한 나라가 되었어. 그러자 중국 땅에 있던 한이라는 나라가 고조선을 공격해. 한은 크고 힘센 나라였는데, 고조선이 부강해지고 주변 나라들과도 사이좋게 지내자 자기네보다 힘이 더 커질까 봐 고조선을 공격한 거였어.

고조선은 한의 6만 명 군사와 용감하게 맞서 싸웠어. 하지만 1년 만에 멸망하고 말았단다. 하지만 고조선이 얼마나 열심히 싸웠던지 한의 군대는 이기고도 자기 나라로 돌아가 벌을 받았다고 해. 고조선 사람들의 용기가 참 대단했다는 것을 알 수 있겠지?

이번 정거장에서 더 알아보기

고조선의 8조법

고조선은 나라의 질서를 지키고 사람들 사이의 잘잘못을 가리기 위한 8가지의 법을 만들었어요. 지금은 그 8조법 중 3가지만 전해 오지요.

전해 오는 법 중 하나는 사람을 죽인 사람은 사형한다는 거예요. 이 법은 고조선이 사람의 생명과 노동력을 중요하게 여겼다는 점을 보여 줘요. 두 번째, 남을 다치게 한 사람은 곡식으로 갚도록 했어요. 당시에 곡식은 재산이었으니까요. 마지막으로, 도둑질한 사람은 종으로 삼거나 많은 돈을 내도록 했어요. 이 조항에서는 고조선 사람들이 계급으로 나누어졌다는 것을 알 수 있어요. 또 화폐를 이용했다는 것도 알 수 있지요.

3 또 다른 나라들도 있었어요

기원전 400년경 철기 문화의 보급

고조선이 멸망하기 얼마 전이었어. 그때는 한반도에 있던 다른 여러 부족들도 세력을 키워 가고 있었단다. 부족들은 자기네들끼리 모여 살다가 다른 부족과 힘을 합쳐 연맹을 맺기도 하고, 전쟁을 일으켜 작은 나라로 발전하기도 했어. 이렇게 생겨난 나라를 '연맹 왕국' 또는 '소국'이라고 한단다. 그때로 버스를 타고 떠나 볼까?

당시 전라도와 충청도, 경기도 서해안 지역에서는 54개의 작은 나라들이 서로 연맹을 맺고 있었어. 이 연맹을 마한이라고 해. 그리고 경상

　도 지역의 낙동강 동쪽에는 12개의 나라로 된 진한이 있었지. 낙동강 서쪽에는 12개의 나라로 된 변한도 있었어. 그러니까 한강 남쪽에 모두 78개의 소국이 있었던 거야. 소국들이 지역별로 연맹을 이루어 각각 마한과 진한, 변한에 속해 있었던 거지. 마한과 진한, 변한을 모두 합쳐 삼한이라고 부른단다.

　이 가운데 가장 힘센 연맹 왕국은 마한이었어. 또 마한을 이루는 소국 가운데 가장 힘이 센 목지국의 지배자는 마한 전체를 지배하는 왕의 자리를 차지했지. 하지만 이때만 해도 왕의 권력은 크지 않았어.

삼한은 농사를 크게 발달시켰어. 삼한 지역은 영산강과 낙동강 같은 큰 강을 끼고 있어 벼농사를 짓기에 아주 좋았어. 벼 외에 조나 보리, 콩, 밀 같은 작물도 키웠지. 가뭄에 대비해 저수지도 만들어 농사지을 물을 미리 저장해 두기도 했단다.

　이때는 한반도에 철기 문화가 전해졌어. 사람들은 돌과 청동을 대신해 철을 사용하기 시작했어. 삽이나 괭이, 낫과 같이 철로 만든 튼튼한 농기구를 사용하면서 농업 생산량은 크게 늘어났지.

　기원전 400년쯤에 한반도에 들어온 철은 기원전 100년 무렵 더욱 널리 퍼져 쓰였어. 철은 농기구뿐만 아니라 칼이나 창, 화살촉 같은 무기를 만드는 데에도 사용했단다. 철제 무기의 힘은 청동으로 된 무기와 비교할 수 없을 정도로 강했어. 그러다 보니 철제 무기를 가진 부족들 사이에서 전쟁도 많아졌지.

철제 무기
영남 지방에서 발견된 철제 무기예요.

철로 무기를 만들면서 전쟁이 많아졌고, 그러한 전쟁은 고대 국가가 세워지는 계기가 되었어.

특히 변한에서는 품질 좋은 철이 많이 나서 일본이나 마한에 철을 수출하기도 했어. 철은 당시 화폐로도 쓰였단다.

또 하나 재미있는 점이 있어. 삼한에서는 정치 지도자와 종교 지도자를 각각 다른 사람이 맡았지. 고조선의 단군왕검이 정치와 종교를 함께 맡아 나라를 다스린 반면 삼한에서는 신지, 읍차라고 불리던 군장이 정치 지도자 역할을 했고, 천군이라는 제사장은 하늘(천신)에 제사 지내는 일만 도맡아 했단다.

천군이 있는 곳은 소도라고 불렀는데 아주 신성한 곳이었어. 죄를 지은 사람도 소도로 달아나면 아무리 군장이라고 해도 그 사람을 잡으러 오지 못했지. 이처럼 삼한에서는 정치와 종교가 엄격하게 분리되어 있었단다.

이번 정거장에서 더 알아보기

한반도 북쪽에 있었던 다른 나라들

한반도 북쪽 동해안에는 옥저와 동예라는 나라가 있었어요. 또 한반도 너머 만주 지역에는 부여와 고구려도 있었답니다.

각 나라들에는 눈길을 끄는 풍습이 있었어요. 부여에서는 지위가 높은 사람이 죽으면 그 부인이나 신하, 노비 등을 함께 묻는 '순장'이라는 장례 관습이 있었어요. 옥저에는 집안의 며느리가 될 여자아이를 어릴 때부터 데려다 키우고 어른이 되면 그 집의 아들과 결혼시키는 '민며느리제'가 있었고요. 또 고구려에는 남자가 혼인을 한 다음에도 부인의 집에서 계속 살다가 둘 사이에서 낳은 아이가 다 자란 뒤에야 남편의 집으로 돌아가 사는 '데릴사위제'가 있었답니다.

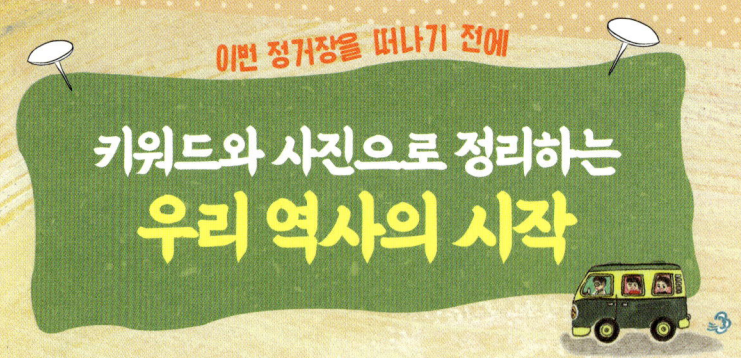

이번 정거장을 떠나기 전에
키워드와 사진으로 정리하는 우리 역사의 시작

★ 우리 민족의 기원

구석기 시대 한반도에 살던 사람들은 오늘날 우리와 직접 연결되는 조상은 아니에요. 학자들은 신석기 시대와 청동기 시대를 거치면서 만주와 한반도를 중심으로 살던 사람들이 우리 민족의 기틀을 마련했다고 해요. 이렇게 형성된 우리 민족은 인종으로는 몽골 인종에 속하고, 언어로는 알타이 어족에 속한다는 주장이 있어요. 하지만 이와 관련한 정확한 증거는 아직 충분하지 못한 상태예요.

★ 한반도의 선사 시대

선사 시대는 사람들이 문자를 쓰기 전의 시대를 말해요. 대략 구석기 시대에서 청동기 시대에 이르는 때이지요. 그렇다면 문자가 없던 시대에 살던 사람들의 생활은 어떻게 알 수 있을까요? 바로 당시 사람들이 살았던 흔적이 단서가 돼요. 집터와 무덤, 쓰레기 더미 등에서 그들의 생각과 생활 방식 등을 알 수 있지요.

선사 시대 움집터의 모습
암사동 선사 유적지에 가면 옛 사람들의 일상을 만날 수 있어요.

★ 하늘의 뜻을 받들던 조상들의 제사

조상들은 농사가 잘되기를 바랐어요. 단군 신화의 바람과 비, 구름을 다스리는 어른 이야기는 농사를 중요하게 여긴 당시 사람들의 생각을 보여 줘요. 조상들은 하늘에 풍년을 비는 제사도 자주 지냈어요. 하늘에 빈 것은 당시 자연 현상이 모두 하늘의 뜻에 달려 있다고 생각했기 때문이에요.

★ 고조선의 영역

고조선의 대표적인 유물은 지배자(군장)의 무덤인 고인돌과 비파형 동검을 들 수 있어요. 우리나라에서 발견되는 고인돌은 받침돌이 높은 탁자식과 받침돌이 낮은 바둑판식이 있는데, 한반도 북부에서 주로 발견되는 탁자식이 고조선 때 만들어진 것으로 짐작돼요. 비파형 동검도 남만주와 한반도 지역에서만 발견된답니다. 그래서 탁자식 고인돌과 비파형 동검이 발견되는 곳이 당시 고조선의 땅이었을 것으로 보고 있어요.

탁자식 고인돌
받침돌이 높은 탁자식 고인돌이에요.

세형 동검
비파형 동검은 시간이 흐르면서 길고 가느다란 세형 동검으로 바뀌었어요.

★ 바위그림에 남겨진 옛 사람들의 소망

신석기 시대와 청동기 시대 사람들은 바위에 그림을 남겼어요. 그래서 바위그림을 보면 당시 사람들의 생활과 사냥감에 대한 소망을 알 수 있어요.
경남 울산시 울주군에 있는 반구대라는 큰 바위에는 개, 멧돼지, 거북, 호랑이, 사슴, 새 같은 동물과 사냥꾼, 사냥 도구 등 200점이 넘는 그림이 그려져 있어요. 이 그림은 신석기부터 청동기 시대에 이르기까지 여러 사람들이 날카로운 도구를 사용해 바위를 긁어서 새긴 것이에요.

반구대 암각화
태화강 물가에 있는 큰 바위 절벽으로, 가로 8미터, 세로 2미터가 넘어요.

★ 단군왕검이라는 이름의 뜻

단군왕검이란 어느 한 사람의 이름이 아니에요. '단군'은 고조선이 세워질 당시 마을에서 제사를 맡아 하던 제사장을 뜻하는 말이에요. '왕검'은 마을을 다스리는 사람을 의미했고요. 결국 단군왕검이라고 하면 종교와 정치를 동시에 맡고 있는 최고 지도자를 말해요. 단군왕검은 1500년 동안 나라를 다스렸다고 하는데, 이는 고조선을 처음 세운 한 사람이 아니라 최고 지도자 자리에 올랐던 사람들의 통치 기간을 모두 합한 것으로 보면 돼요.

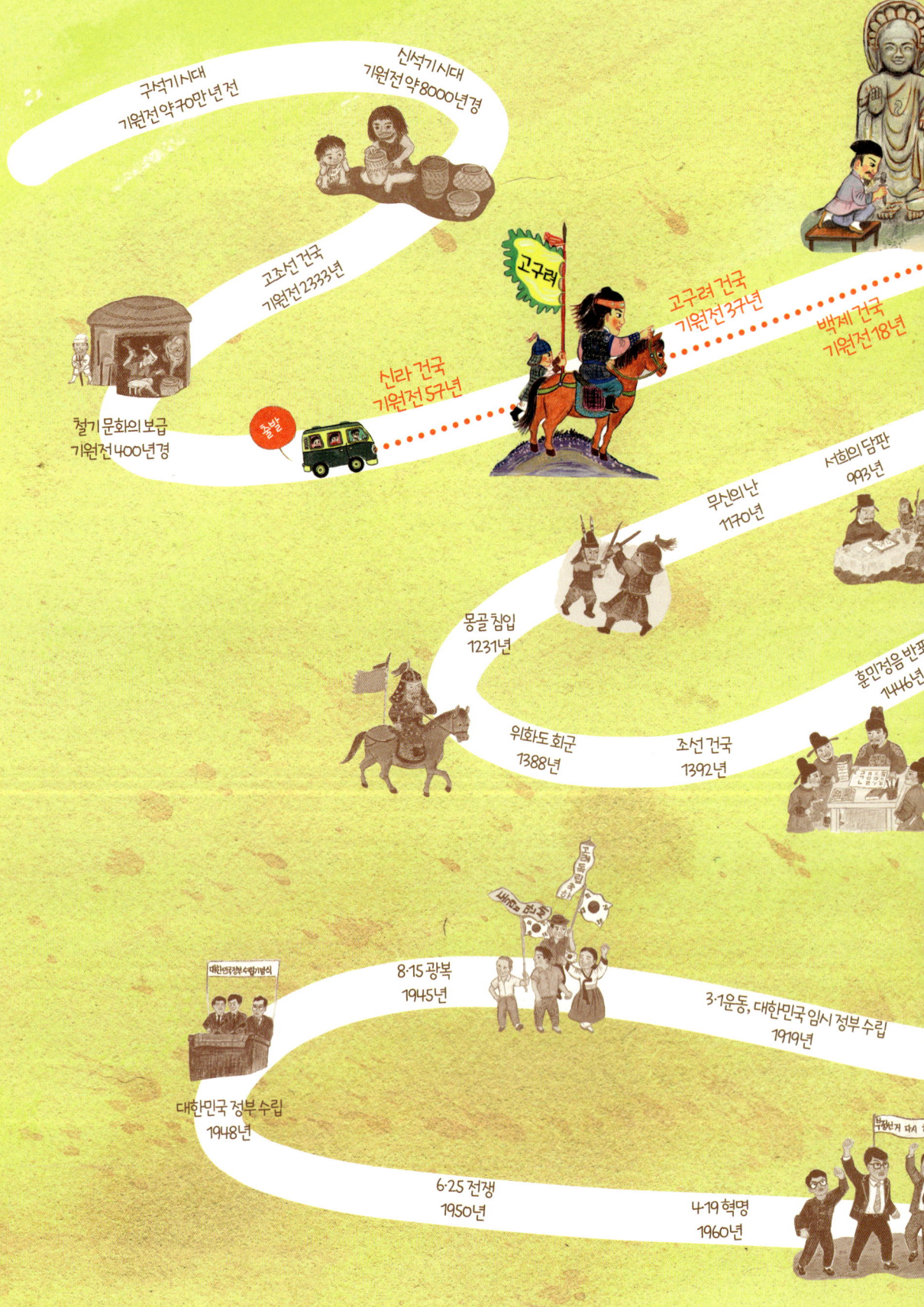

삼국의 발전

삼국의 건국에서 후삼국 시대까지

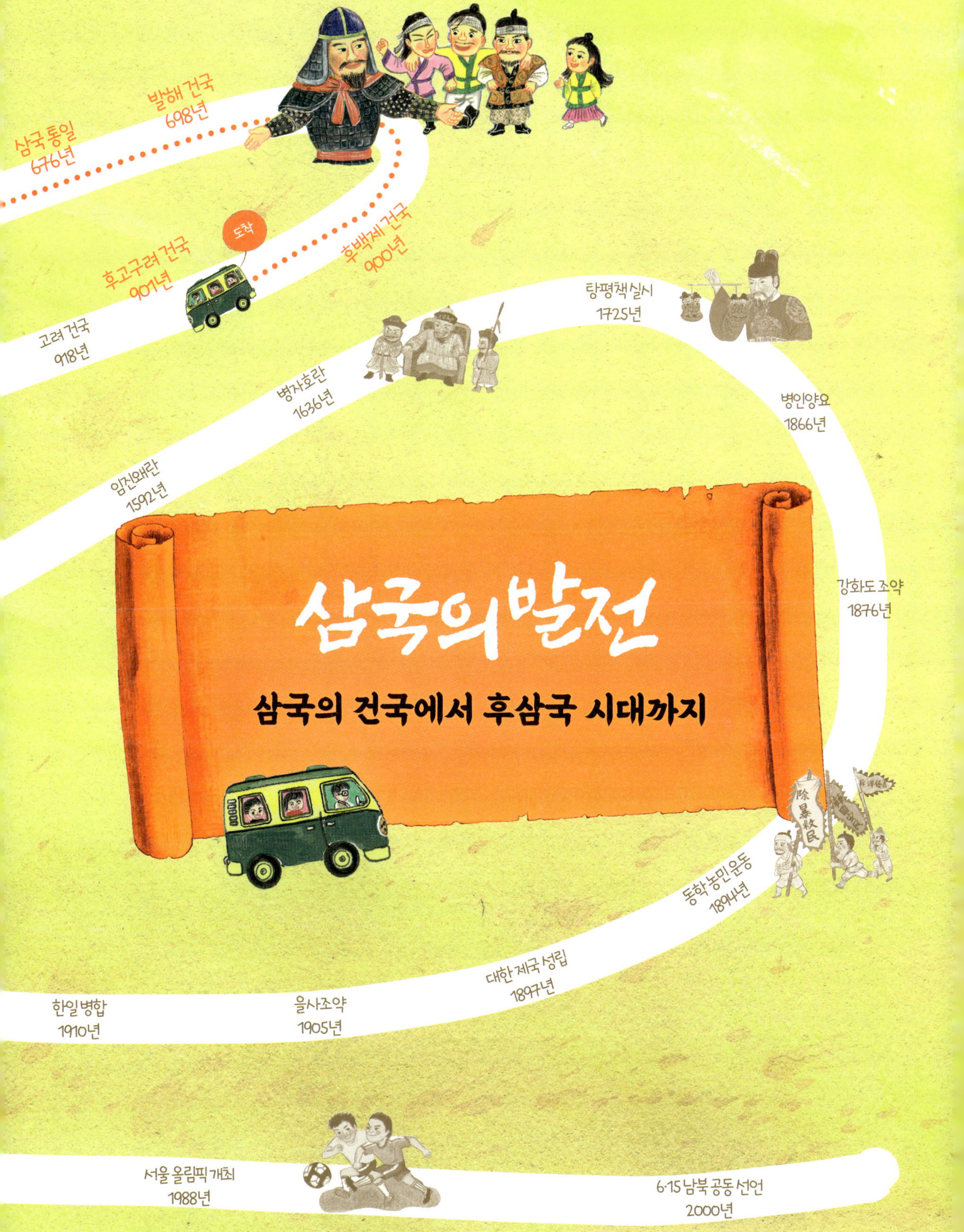

삼국 통일
676년
발해 건국
698년
후백제 건국
900년
도착
후고구려 건국
901년
고려 건국
918년
임진왜란
1592년
병자호란
1636년
탕평책 실시
1725년
병인양요
1866년
강화도 조약
1876년
除暴救民
동학 농민 운동
1894년
대한 제국 성립
1897년
을사조약
1905년
한일 병합
1910년
서울 올림픽 개최
1988년
6·15 남북 공동 선언
2000년

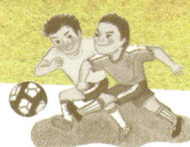

4 주몽이 고구려를 세웠어요

**기원전 37년경
졸본 땅에 고구려 건국**

삼국 시대의 첫 정거장에 도착한 것을 환영해! 삼국 시대란 우리 민족이 고구려, 백제, 신라 세 나라로 나뉘어 서로 세력을 넓히고 자기 나라를 더 발전시키려고 경쟁하던 때를 말하지. 이번 정거장을 시작으로 이제 우리 민족이 세운 고대 국가의 발자취를 하나하나 따라가게 될 거야.

삼국 중 가장 먼저 나라의 기틀을 갖추었던 것은 고구려란다. 자, 그럼 고구려가 세워졌던 기원전 37년으로 가 볼까?

고조선이 힘이 약해져 멸망할 무렵, 한반도 북쪽 만주에는 부여라는

연맹 왕국이 자리 잡고 있었어. 그리고 시간이 흐르자 부여의 일부 사람들이 남쪽으로 내려오기도 했는데, 이 사람들은 곧 압록강 근처에 살고 있던 토착민들과 힘을 모아 고구려라는 나라를 세웠어.

단군 신화처럼 고구려가 처음 세워졌을 때의 이야기인 고구려 신화도 오늘날까지 전해지고 있어. 고구려 신화는 고구려를 가장 강하게 만들었던 광개토 대왕의 비석과 고구려가 세워질 때의 전설을 시로 남긴 <동명왕편>에서도 찾아볼 수 있지.

옛날에 주몽이라는 사람이 이 나라를 세웠어. 주몽은 원래 북부여에

주몽을 아은 유리왕이 고구려의 수도로 삼은 국내성의 흔적이야.

국내성

서 태어났는데, 주몽의 아버지는 하늘 신의 아들 해모수였대. 그리고 주몽의 어머니는 물의 신 하백의 딸 유화였지.

그런데 어느 날 해모수가 하늘에 잠깐 다녀오겠다며 유화를 두고는 하늘로 올라가 버렸단다. 그러자 부여의 금와왕은 유화를 자신의 궁궐에서 살게 했어. 궁궐에 살던 유화는 어느 날 놀랍게도 햇빛을 품고 임신을 하게 되었지. 그러고는 얼마 뒤 알을 낳았는데, 그 알에서 나온 아이가 바로 주몽이었어. 이처럼 신비한 기운을 타고 태어난 주몽은 어릴 때부터 활을 아주 잘 쏘았어. 그러자 금와왕의 아들들은 주몽을 무척이나 질투했지. 나중에는 주몽을 죽이려고까지 했어.

주몽은 궁궐을 나와 도망칠 수밖에 없었어. 그런데 남쪽으로 내려가다 큰 강을 만나게 됐지. 적들이 주몽을 죽이려고 뒤쫓아 오고 있는데 말이야. 그때였어. 강에서 물고기와 자라가 나와 주몽이 강을 무사히 건널 수 있도록 다리를 놓아주었지. 강을 무사히 건넌 주몽은 압록강 근처의 졸본에 도착해 성을 쌓고 나라를 세웠어. 이 나라가 바로 고구려란다.

앞에서 말한 것처럼 신화는 실제로 일어났던 일이라기보다는 당시 사회의 모습을 상상하게 해 주는 상징이라고 할 수 있어. 그렇다면 고구려 건국 신화에서는 어떤 사실을 알 수 있을까?

먼저 고구려를 세운 사람이 부여에서 온 사람이라는 거야. 또 하늘 신의 아들이 나오는 것으로 보아 고구려 사람들의 자부심이 대단했다는 것도 알 수 있어. 물고기와 자라가 주몽을 위해 다리를 놓아주었다는 것은 당시 강가에 살던 부족들이 주몽을 도와주었다는 뜻으로 볼 수 있지.

이렇게 세워진 나라 고구려는 한반도는 물론 압록강 너머의 만주 지역까지 호령하는 기운찬 나라로 계속 발전하게 된단다.

이번 정거장에서 더 알아보기

고대 국가의 특징

고구려, 백제, 신라와 같은 고대 국가는 이전의 연맹 왕국이나 소국과는 다른 특징이 있어요. 우선 왕의 힘이 강했다는 거예요. 이것은 국왕 중심의 중앙 집권 체제가 자리를 잡았다는 것을 뜻하지요. 이때는 세금을 걷는 조세 제도와 율령이라는 법도 만들어졌어요.
또 백성들을 정신적으로 하나로 모으기 위해 불교를 받아들여 나라의 종교로 삼았지요. 이 밖에 전쟁으로 땅을 넓히고 세력을 키워 나간 것도 고대 국가의 특징으로 꼽을 수 있어요.

5 온조와 비류가 백제를 세웠어요

기원전 18년경 위례성에 백제 건국

 **이번 정거장은 백제란다.** 백제라는 나라가 처음에 어떻게 세워졌는지 함께 살펴볼까? 백제의 건국 신화에서는 고구려를 세운 주몽이 다시 등장한단다. 왜냐고? 고구려와 백제는 둘 다 우리 민족이 한반도에 세운 나라이기 때문이야. 그래서 두 나라는 처음 등장할 때부터 시작해서 서로 발전하는 동안에도 끊임없이 영향을 주고받았지.

백제는 기원전 18년에 세워졌어. 우리나라에서 가장 오래된 역사책 《삼국사기》에는 백제가 세워질 때의 이야기가 기록되어 있어.

　주몽과 주몽의 부인 소서노에게는 비류와 온조라는 두 아들이 있었어. 소서노는 자신의 아들이 주몽을 이어 왕이 될 것으로 기대했지. 그러던 어느 날이었어. 주몽이 부여에 있을 때 얻었던 아들 유리가 아버지를 만나러 고구려를 불쑥 찾아온 거야. 그러자 주몽은 오랫동안 헤어졌다가 다시 만난 아들 유리에게 왕 자리를 물려주려고 했단다.

　그러자 부인인 소서노와 아들인 비류와 온조는 몹시 실망했어. 결국 비류와 온조는 자신들을 따르는 신하와 백성들을 데리고 남쪽으로 가 스스로 나라를 세우기로 마음먹었어. 온조는 한강 부근 위례성(지금의 서울)이 도읍지로 삼을 좋은 땅이라고 여기고 자리를 잡았어. 위례성은 북쪽으로 한강이 흐르고, 남쪽으로는 기름진 들이, 또 동쪽에는 높은 산이 있어 더할 나위 없이 좋은 자리였거든.

하지만 비류는 미추홀(지금의 인천)로 가 나라를 세웠단다. 그런데 비류가 자리 잡은 곳은 바닷가여서 물이 짜 농사를 짓기가 힘들었어. 비류는 자신의 잘못된 선택을 후회하다가 결국 세상을 떠났지. 비류가 죽자 미추홀의 백성들은 모두 온조의 나라로 옮겨 갔어. 온조는 이 백성들을 받아들이고는 백제를 완성했단다.

이처럼 백제는 한반도 북쪽에 있던 고구려 사람들이 한강 근처까지 내려와 세운 나라야. 지금도 서울 석촌동에 가 보면 백제 때 돌을 쌓아

서울 풍납동에서 나온 백제의 유물들이야.

초두
음식이나 약을 데울 때 쓰던 그릇으로 오늘날의 냄비라고 할 수 있어요.

백제의 토기
백제의 토기는 장식을 거의 하지 않고 실용성을 강조한 것이 특징이에요.

서 만든 큰 무덤이 남아 있단다. 그런데 이 무덤을 자세히 살펴보면 압록강 근처에서 발견된 고구려의 무덤과 생김새가 거의 같아. 또 백제의 왕들이 자신들의 성씨를 부여씨라고 지었다는 점에서도 고구려와 백제는 깊은 관계가 있음을 알 수 있단다.

석촌동과 가까운 풍납동에서는 백제 초기에 만든 타원 모양의 토성과 당시 사람들의 유물이 많이 발견되었어. 여러 토기와 기와, 고기를 잡을 때 쓰던 그물추 등도 나왔지. 제사를 지낼 때 사용하던 청동 솥도 있어.

백제는 빠른 속도로 나라의 기틀을 다지고 발전시켰어. 그 이유는 바로 한강 덕분이었지. 가까운 한강의 물을 이용해 농사를 잘 짓고 나라를 부강하게 일으킨 거야. 또 서해와 이어진 한강 물길로 다른 나라와 교류를 활발히 해서 선진 문물을 받아들이고 전성기를 누릴 수 있었어.

이번 정거장에서 더 알아보기

한강을 차지하고 싶어 한 나라들

한강 유역은 물이 풍부하고 땅이 비옥해 농사짓기가 좋았어요. 그래서 한강을 끼고 있던 백제는 부상한 나라로 성장했지요. 이집트가 나일강을 끼고 고대 문명을 일으킨 것도 이와 같은 이유에서예요. 또 한강은 서해와 연결되기 때문에 중국이나 일본 등 주변 나라들과 활발하게 무역을 할 수 있었고, 선진 문물을 받아들이기도 좋았어요.

이 때문에 고구려, 백제, 신라는 한강 유역을 서로 차지하기 위해 치열하게 경쟁했고, 경쟁에서 한강 유역을 차지한 나라는 비로소 전성기를 맞을 수 있었답니다.

6 박혁거세가 신라를 세웠어요

기원전 57년경 서라벌에 신라 건국

　　　　　　　이제 삼국 중 마지막 정거장, 신라에 도착했단다. 신라는 고구려와 백제보다 성장이 늦었단다. 세력을 가진 여러 부족이 우선 서로 뭉친 뒤에야 비로소 나라를 이룰 수 있었거든.

　신라가 세워진 이야기는 기원전 57년 사로국에서 시작돼. 사로국은 지금의 경상북도 경주평야에 있던 나라지. 신라의 건국 신화 또한 고려 시대 일연이라는 승려의 역사책《삼국유사》에서 찾아볼 수 있단다.

　사로국에는 6명의 촌장이 다스리는 6개의 마을이 있었어. 어느 날

 6명의 촌장은 사로국 전체를 대표하는 왕을 정하려고 회의를 하고 있었단다. 그때였어. 어디에선가 말 울음소리가 들려왔지. 소리가 나는 곳을 따라가 보니 나정이라는 우물가에서 빛이 나는 흰색 말이 무릎을 꿇고 있는 거야! 그 말은 촌장들을 보고는 하늘로 금세 날아가 버렸어. 날아간 말이 있던 곳에는 커다란 알이 놓여 있었지. 촌장들은 신기해하며 그 알을 갈라 보았는데, 그 속에는 사내아이가 들어 있었단다.
 촌장들은 아이를 키우기로 하고는 이름을 박혁거세라고 했어. 박처럼 생긴 알에서 나왔다고 해서 성을 박씨라 하고, 빛이 나는 알에서 나

나정
박혁거세가 탄생한 곳으로 전해지는 우물가의 모습이에요.

왔으니 세상을 환하게 밝히라고 이름을 혁거세라고 한 거야.

그 뒤 촌장들은 박혁거세의 아내가 될 여자아이를 찾아 돌아다니기 시작했어. 그러다 우연히 알영이라고 하는 우물가에서 닭의 얼굴을 한 용이 옆구리로 여자아이를 낳는 것을 보았지. 용이 낳은 여자아이는 입술이 닭 부리처럼 생겼었단다. 촌장들은 여자아이의 이름을 알영이라고 짓고, 월성이라는 마을 북쪽 냇물에서 목욕을 시켰어. 그러자 놀랍게도 알영의 닭 부리가 떨어져 나갔지. 그로부터 13년이 지난 뒤 박혁거세와 알영은 혼인해 왕과 왕비가 되었어.

그 뒤 박혁거세는 금성(지금의 경주)을 도읍으로 삼고 서라벌이라는 나라를 세웠어. 서라벌은 '새로운 땅'이라는 뜻으로 나중에 신라가 되었지.

어때? 아주 신비롭고 기이한 이야기지? 신라의 건국 신화를 통해서는 어떤 사실을 알아볼 수 있을까? 우선 6명의 촌장과 박혁거세가 서로 힘을 모아 함께 나라를 세웠다는 것을 짐작할 수 있어. 박혁거세가 빛을 내는 알에서 태어났다는 것에서는 신라 사람들이 자기들을 태양의 후손으로 여겼다는 것을 알 수 있지. 또 알영의 입술이 닭 부리처럼 생겼다는 것은 알영이 신의 이야기를 사람들에게 전하는 일을 했다는 뜻으로 볼 수 있어. 다시 말해 알영은 종교 지도자였던 거야.

그런데 처음에 신라는 나라를 다스리는 사람을 왕으로 부르지 않았어. 거서간, 차차웅, 이사금, 마립간이라는 이름을 거친 뒤 비로소 왕으로 부르게 되었지. 왕의 이름이 이렇게 여러 차례 바뀐 것만 보아도 신라가 나라의 기틀을 잡을 때까지 오랜 시간이 걸렸음을 알 수 있단다.

이번 정거장에서 더 알아보기

신라 왕의 성

고구려 왕의 성은 고씨, 백제 왕의 성은 부여씨였어요. 그렇다면 신라 왕의 성은 무엇이었을까요? 신라는 처음에 박씨와 석씨, 김씨가 돌아가면서 왕의 자리에 올랐어요. 어느 특정한 세력이 강력한 힘을 갖지 못해 여러 명이 번갈아 가며 왕의 자리에 오른 거예요. 박씨의 조상은 박혁거세, 석씨의 조상은 석탈해, 김씨의 조상은 김알지였답니다.

그러다가 13대 임금인 미추왕 때부터 김씨가 계속 왕의 자리를 차지해요. 김씨 세력이 비로소 가장 강력한 힘을 갖게 된 것이지요.

7 가야는 철의 나라였어요

기원후 44년경 가락 지역에 가야 건국

삼국이 나라의 기반을 다져 나갈 무렵이었어. 한반도 남쪽의 낙동강 하류 지역에는 가야라는 연맹 왕국이 있었지. 이들은 앞서 나왔던 변한 땅에서 일어난 나라들이었어.

이 연맹 왕국은 가야 연맹이라고도 부른단다. 가야 연맹에는 금관가야, 대가야, 아라가야 같은 나라들이 있었지. 그중 가야 연맹을 대표한 나라가 오늘날 경상남도 김해 지역에 있었던 금관가야란다. 또 나중에는 고령 지역의 대가야가 연맹을 대표하며 모두를 이끌어 가기도 했어.

그럼 가야는 처음에 어떻게 세워졌을까? 서기 42년의 일이야. 가락

지역(지금의 김해)에 있던 부족장 9명이 백성들과 함께 구지봉이라는 산에 올랐어. 부족장들은 '거북아, 거북아, 머리를 내밀어라. 내놓지 않으면 구워 먹겠다.'라는 노래를 부르고 춤을 추며 하늘에 제사를 지냈지. 그랬더니 갑자기 하늘에서 보자기로 싸인 금색 상자가 내려왔지 뭐야. 그 안에는 황금빛 둥근 알 6개가 들어 있었어.

　6개의 알에서는 여섯 아이가 태어났는데, 부족장들은 가장 먼저 태어난 아이에게 수로라는 이름을 지어 주었어. 금빛 알에서 태어났다고 해서 성은 김씨로 했지. 이 김수로가 왕이 되어 이곳 백성들과 함께 세운 나라가 바로 금관가야야. 나중에 태어난 5명의 다른 아이들도 각각 다섯 가야의 왕이 되었단다.

그렇다면 《삼국유사》에 역시 기록되어 있는 이 가야의 건국 신화로는 무엇을 알 수 있을까? 거북에게 머리를 내밀라고 하는 노래는 왕을 맞이하고 싶은 백성들의 바람을 나타낸단다. 하늘에서 내려온 알에서 태어난 6명의 아이가 왕이 되었다는 것은 원래 이곳에 살던 사람들과 다른 지역에서 온 사람들이 힘을 합쳐 가야를 세웠음을 짐작하게 해.

김수로의 왕비는 인도 사람이었다고 해. 김수로가 나라를 세운 뒤, 인도 배가 파도에 휩쓸려 김해 앞바다에 닿은 적이 있었어. 인도 아유타국의 공주가 적들의 침략을 피해 배를 타고 와 우연히 김해에 도착

오리 모양 토기
가야의 토기는 자유롭고 창조적인 가야만의 독특한 멋을 보여 줘요.

덩이쇠
철기를 제작하는 기본 재료로, 화폐로도 사용되었어요.

좋은 철이 나는 나라 가야에서는 철덩어리를 화폐로 사용했지!

42

한 것이었지. 그 공주는 김수로와 혼인해 왕비가 되었고, 허황옥이라는 이름을 갖게 되었단다. 지금도 김해에 가면 인도의 풍습을 볼 수 있는 유물이 남아 있어.

가야는 품질 좋은 철이 나는 나라로 '철의 왕국'으로도 불렸어. 철 덩어리를 화폐로 쓰기도 하고, 철로 된 무기도 많이 만들었지. 또 금관가야는 가야 지역에서 나오는 품질 좋은 철을 남해 바닷길을 통해 중국이나 일본, 고구려, 백제 등으로 많이 수출했어. 육지에서 생산한 철을 낙동강을 이용해 김해까지 운반하고, 김해 지역의 항구에서 주변 나라들로 손쉽게 실어 나를 수 있었거든. 이를 통해 가야는 당시 해상 무역의 중심지로 크게 발전했단다.

이번 정거장에서 더 알아보기

중앙 집권 국가가 되지 못한 가야

가야는 고구려나 백제, 신라처럼 중앙 집권 국가로 발전하지 못했어요. 우선 가야 연맹은 여러 소국으로 나뉘어져 있었어요. 중앙 집권 국가가 되려면 나라가 하나로 합쳐져야 하는데, 소국들의 국력이 서로 엇비슷해 어느 한 나라가 나머지 나라를 지배할 수가 없었지요.
가야 연맹이 자리 잡은 땅도 문제였어요. 고대 국가로 성장하던 신라와 백제 사이에 끼어 있었기 때문에 세력을 넓히기가 힘들었고, 신라와 백제의 간섭에도 시달렸지요. 그러다 보니 나라가 불안해져 결국 하나의 국가로 통일되지 못한 채 멸망하고 말았어요.

8 고구려가 동북아시아 강대국이 되었어요

391년에서 590년까지 고구려의 도약과 전성기

> 광개토 대왕비에는 고구려 건국 신화와 정복 활동이 적혀 있어.

가야 정거장을 떠나오니 곳곳에서 싸움이 일어나고 있어! 이번 정거장부터는 고구려와 백제, 신라가 각각 어떻게 발전하고 세력을 키워 나갔는지 알아볼 거야.

삼국의 경쟁에서 가장 먼저 주도권을 쥐고 강대국으로 성장한 것은 고구려였어. 4세기 말에서 5세기 말에 걸쳐 광개토 대왕과 그의 아들 장수왕은 영토를 계속 넓히며 고구려를 동북아시아의 강대국으로 만들었단다. 이때 고구려 사람들은 고구려를 천하의 중심이라고 생각하며 자부심을 가졌다고 해.

광개토 대왕은 바로 고국양왕의 아들 담덕이었어. 그는 391년에 고구려 19대 왕에 올랐지. 그 뒤 광개토 대왕은 정복의 왕으로 불릴 정도로 주변 나라들을 공격하고 영토를 넓히며 고구려의 전성기를 열게 돼. '광개토'는 영토를 크게 넓혔다는 뜻으로 그가 죽은 뒤 고구려 사람들이 지어 준 이름이지.

그럼 광개토 대왕이 어떻게 영토를 넓혀 갔는지 알아볼까? 먼저 광개토 대왕은 백제와 전쟁을 일으켜 임진강 주변을 빼앗았어. 전에 백제와 싸우다 돌아가신 할아버지 고국원왕의 원수를 갚은 것이었지. 또

한 이 전쟁으로 고구려는 한강 유역을 차지할 수 있는 기반을 마련했단다.

이어 광개토 대왕은 한반도 북쪽의 거란을 공격해 여러 마을을 빼앗고 가축을 얻었어. 그러고는 다시 백제를 공격해 한강 이북 땅을 모조리 차지했단다. 하지만 고구려는 신라와는 친하게 지냈어. 신라가 가야와 왜의 공격을 받자 고구려는 낙동강으로 군사를 보내 이들을 물리쳐 주었지. 이때는 일본을 오랑캐라고 여겨 왜라고 불렀어.

한반도 내에서 일어난 전쟁마다 늘 어마어마한 승리를 거둔 광개토 대왕은 이번에는 압록강 북쪽의 랴오허(요하)강 너머 후연이라는 나라로 눈길을 돌렸어. 후연 역시 광개토 대왕이 이끄는 강한 고구려군의 상대가 되지 못했지. 후연의 군사들은 광개토 대왕의 명성과 고구려군의 용맹함에 지레 겁을 먹고 달아났다고 해.

광개토 대왕은 마침내 랴오허강 동쪽인 요동 지역을 비롯한 만주 땅을 거의 다 차지하게 되었어. 한반도 동북쪽에 있던 부여와 동쪽에 자리 잡고 있던 말갈도 고구려의 말발굽 아래 굴복하고 말았지.

이처럼 한반도의 남쪽과 북쪽 모두 광개토 대왕이 이끄는 고구려를 상대할 만한 나라는 없었어. 광개토 대왕이 살아 있는 동안 고구려는 모두 64개의 성과 약 1,400군데의 마을을 정복했다고 해. 그래서 광개토 대왕은 우리 역사에서 영토를 가장 크게 넓힌 왕으로 손꼽힌단다.

그렇게 위세를 떨치던 광개토 대왕은 39세의 나이로 세상을 떠났어. 그러자 그를 이어 왕이 된 아들 장수왕은 만주의 집안이라는 곳에 높

광개토 대왕릉비
광개토 대왕의 업적이 새겨져 있어요.

이 6미터가 넘는 광개토 대왕릉비를 세웠지. 이 비석에는 1,775개의 글자로 고구려의 역사와 광개토 대왕이 이룩한 업적 등이 새겨져 있어.

장수왕은 427년 고구려의 도읍을 압록강 너머 국내성(지금의 중국 길림성)에서 대동강 근처 평양성으로 옮겼어. 그러고는 다시 한번 고구려의 최고 전성기를 이루어 냈단다.

장수왕이 도읍을 옮긴 건 고구려 땅이 점점 넓어져 한반도 중부 지역까지 내려갔기 때문이었어. 그러니 계속 북쪽에 있는 국내성에서 나랏일을 보는 게 아무래도 불편했지. 또 평양성은 국내성보다 날씨가 따뜻하고, 주변에 넓은 평야가 있어 생활하기도 더 좋았어. 대동강을 끼고 있어 바다로도 쉽게 나갈 수 있고 교통도 편리했지. 게다가 이곳은 한강 이남의 백제나 신라와 세력 다툼을 벌이는 데도 유리한 장소였어.

도읍을 옮긴 장수왕은 남쪽으로 영토를 넓히기 위한 계획을 본격적으로 실행했어. 반면 오랫동안 광개토 대왕에게 시달렸던 백제 역시 중국에 있는 북위의 도움을 받아 고구려를 공격할 계획을 꾸미고 있었지. 또 백제는 신라와 서로 손을 잡고 장수왕이 쳐들어오는 것을 막으

47

이곳에는 옛날 고구려군과 백제군이 싸운 흔적이 남겨져 있어

아차산성 터

려 했어. 백제와 신라가 이렇게 손을 잡은 것을 '나제 동맹'이라고 한단다. 장수왕은 이러한 백제의 낌새를 알아채고는 당시 백제의 도읍이었던 한성을 공격했어. 그리고 475년 결국 한강 유역을 차지했단다. 광개토 대왕에 이어 장수왕에게까지 진 백제는 도읍을 한성에서 웅진(지금의 공주)으로 옮길 수밖에 없었어.

당시 한강 유역을 차지한다는 것은 드넓은 평야는 물론 중국, 일본 등과 교류할 수 있는 바닷길을 얻는다는 중요한 의미가 있었단다. 그래서 삼국은 서로 한강을 차지하려고 치열하게 경쟁했지. 지금도 서울 아차산에는 당시 고구려군의 요새와 백제군과 싸웠던 흔적이 남아 있어.

장수왕은 백제를 공격하고 남쪽으로 진출하는 데 성공해 삼국의 경쟁에서 가장 먼저 주도권을 잡았어. 그리고 북쪽으로는 만주 지역까지 고구려 땅으로 만들며 동북아시아의 최고 강대국으로 떠올랐지.

  고구려의 전성기를 다시 이룬 장수왕을 기념하는 비도 남아 있어. 바로 중원 고구려비로, 충북 충주에 가면 지금도 찾아볼 수 있단다. 장수왕은 78년간 나라를 다스리고, 98세까지 오래 살았어. 그래서 이름 역시 장수왕으로 불리고 있단다.

중원 고구려비
장수왕이 남한강 유역의 성들을 공격하고 세운 것으로 알려져 있어요.

이번 정거장에서 더 알아보기

스스로를 높인 동북아시아의 강대국 고구려

당시 고구려 사람들은 고구려가 백제나 신라보다 우월하다고 생각했어요. 광개토 대왕과 장수왕의 거침없는 정복 활동이 고구려의 자신감을 키운 거예요.

고구려 사람들은 왕을 태왕이나 성왕으로 높여 불렀어요. 광개토 대왕은 영락이라는 연호까지 사용했지요. 연호는 '년'을 부르는 이름이에요. 그러니까 영락이라는 연호를 사용한 그해부터 영락 원년, 영락 1년, 영락 2년……, 이런 식으로 부르지요. 그 전에는 연호를 사용하지 않거나 중국의 것을 빌려 쓰곤 했어요. 그러다 고구려의 독자적인 연호를 사용한 것은 중국에 종속되지 않고 자주 국가로서의 자존심을 세우려 했던 것으로 볼 수 있어요.

9 백제 문화는 아시아 최고였어요

**4세기에서 6세기까지
백제의 해외 진출과 문화 발전**

백제는 고구려의 공격을 받아 한강 유역의 영토를 빼앗겼지만 6세기 중반 성왕 때 신라와 손잡고 그 땅을 되찾았어. 하지만 신라에게 다시 한강 유역을 빼앗기지. 이처럼 한강을 둘러싼 삼국의 싸움은 갈수록 더 치열해졌단다.

그러나 끊임없는 전쟁 중에도 백제는 일찍부터 받아들인 중국의 발달된 문화를 바탕으로 아시아 최고의 문화를 꽃피워 갔어. 그리고 이렇게 발달시킨 뛰어난 문화를 일본에 전해 주기도 했지. 고구려 사람들의 문화가 씩씩하고 진취적이며 힘이 넘쳤다면, 백제 사람들은 조화

를 중요하게 여겼고 여유가 있었어. 그래서 백제 문화는 세련되고 부드러우며 감각적이란다. 이번 정거장에서는 아름다운 백제 문화를 구경할 거야.

백제의 최고 예술품으로는 금동대향로를 꼽을 수 있어. 향로는 향을 피우는 장치인데, 금동대향로는 금으로 도금한 구리를 이용해 만든 커다란 향로야. 높이는 61.8센티미터, 너비는 19센티미터, 무게는 11.8킬로그램이나 되지. 이 커다란 향로는 6세기쯤에 만들어진 것으로 주로 불교 의식에 사용되었단다.

금동대향로는 뚜껑과 몸체, 받침대로 이루어져 있어. 뚜껑 꼭대기에는 여의주를 품은 봉황이 날개를 펴고 있고, 뚜껑에는 23개의 산과 악사, 동물, 나무, 바위, 산길, 시냇물, 폭포 등이 표현되어 있지. 몸체는 활짝 핀 연꽃 모양을 하고 있는데, 연꽃의 잎 위에는 불사조와 물고기, 학이 새겨졌단다. 받침대는 용 모양이야.

금동대향로에 새겨진 모습들은 얼마나 생생한지 가만히 보고 있으면 마치 금방이라도 폭포가 흐르고, 봉황은 하늘로 날아오를 것만 같아. 악사가 연주하는 음악이 들리는 것 같기도 해. 금동대향로는 백제 나성과 능산리 무덤 사이 절터에서 처음 발견되었어. 이 아름다운 문화재는 백제의 미술 문화와 공예 실력, 정교한 기술을 오늘날에까지 그대로 전해 주고 있지.

충남 서산의 마애삼존불상 역시 백제의 뛰어난 조각 솜씨와 정신세계를 엿볼 수 있는 걸작이야. 마애삼존불상은 바위에 부처님과 보살을 새긴 작품인데, 부처님의 둥근 얼굴과 큰 눈, 넉넉하고 자비로운 미소는 보는 사람의 마음을 포근하게 감싸 준단다. 특히 하루 중 해가 뜨고 질 때 부처님의 웃는 모습이 햇빛에 따라 다르게 보인다고 해. 그래서 '신비의 미소', '백제의 미소'라고도 부르지. 마애삼존불상은 7세기 초에 만든 것으로 돌에 새긴 부처님으로는 우리나라에서 가장 오래된 거야.

6세기 초 백제의 임금이었던 무령왕의 무덤에서 나온 유물도 유명해. 충남 공주에서 발견된 무령왕의 무덤인 무령왕릉 안에서는 금으로 만든 왕관 장식과 금동 신발, 돌로 만든 짐승, 귀걸이 등 뛰어난 문화재들이 많이 발견되어 옛 백제 문화의 수준이 얼마나 높았는지를 증명해 준단다.

무령왕릉에서 나온 유물들이야.

관 꾸미개

서수
석수는 돌로 만든 동물상인데 무덤을 지킨다고 해요.

이번 정거장에서 더 알아보기

일본에 전해진 백제의 문화

백제는 일본에 불교와 유교를 전했어요. 절을 세우는 등 각종 건축 기술과 그림, 금속 공예, 도자기, 천문학도 전파했지요. 이와 함께 불상과 경전, 건축 기술자, 금속 공예 전문가, 기와 굽는 사람도 일본에 보내 주었어요. 또한 일본은 백제를 통해 《논어》와 《천자문》을 접했고 의학이나 역학, 지리도 받아들였답니다.

백제의 문화는 당시 일본 사람들에게는 아주 새롭고 놀라웠기 때문에 두 나라는 우호 관계를 맺고 계속 교류했어요. 4세기 후반 백제가 일본에 전해 준 칠지도는 7개의 가지가 달린 칼인데, 이 칼은 백제 왕실에서 일본 왕실에 하사한 것으로 알려졌어요. 백제가 일본과 우호 관계를 맺고 문화를 전했다는 증거라고 할 수 있지요.

10 신라가 세력을 키우기 시작했어요

5세기에서 6세기까지
중앙 집권 국가가 된 신라와 불교의 발전

신라의 발전은 고구려나 백제보다 늦었어. 하지만 신라는 6세기에 지증왕과 법흥왕, 진흥왕을 거치면서 크게 발전하게 돼. 지증왕 때는 농사를 지을 때 소를 이용하도록 해 농업을 크게 발달시켰어. 또 중국의 앞선 문화와 제도를 받아들여 왕을 중심으로 나라가 체계적으로 움직이도록 했지. 드디어 신라도 중앙 집권 국가를 이루게 된 거야.

그 뒤를 이어 법흥왕은 불교를 받아들여서 정신적으로 백성들을 하나로 뭉치게 했어. 신라는 고구려나 백제보다 불교를 늦게 받아들였지

만 다른 나라보다 더 뛰어난 불교 문화를 꽃피웠단다. 당시 불교는 단순히 개인적인 신앙에만 머무르지 않았어. 왕과 백성들 모두가 불교의 가르침을 잘 따르면 나라까지도 부강하게 만들 수 있다는 믿음을 굳게 갖고 있었지.

지증왕과 법흥왕에 이어 신라의 세력을 더욱 키우고 삼국 통일의 기반을 닦은 것은 진흥왕이었어. 진흥왕은 황룡사라는 큰 절을 짓고 불교 모임을 크게 열었어. 백성들의 힘을 하나로 모아 나라를 강하게 하고, 신라가 오랫동안 번성하기를 바라서였지. 진흥왕은 또한 유능한 청

이차돈 순교비
신라는 귀족들의 반대로 불교를 받아들이지 못하다가 이차돈의 죽음을 계기로 불교를 비로소 국교로 정할 수 있었어요.

소년을 나라의 인재로 기르기 위해 화랑도라는 조직도 만들었어.

그렇게 해서 나라의 역량을 키운 진흥왕은 먼저 백제와 손잡고 당시 한강 유역을 차지하고 있던 고구려를 몰아냈어. 그리고 다시 백제까지 물리치고는 비로소 한강 하류를 차지하게 되었지.

신라는 지금의 경상도 지역을 중심으로 성장했기 때문에 중국과는 교류하기가 어려웠어. 그러다 진흥왕이 한강 유역을 차지하면서 마침내 서해를 통해 중국과 교류하게 되었고 신라라는 나라를 바다 건너까지 널리 알리게 되었단다. 신라는 농업을 발전시키면서 나라를 부강하게 한 것은 물론이고, 한강을 중심으로 고구려와 백제의 사이를 갈라놓아 삼국 사이에서 주도권을 쥐었어.

더욱이 진흥왕은 562년, 가야 연맹을 이끌던 고령 지역의 대가야를 물리치고는 신라를 낙동강 유역의 새 주인으로 만들었단다. 또 동해안을 따라 북쪽으로도 나아가 지금의 함경남도 함흥평야에까지 진출했지. 이렇게 해서 신라는 이전보다 3배 이상 넓은 영토를 가지게 되었어.

진흥왕은 나라의 힘을 키운 데에 자부심을 갖고, 새로 개척한 지역에 비석을 세웠어. 소백산맥 너머 고구려 땅이었던 단양에는 적성비를, 가야의 땅이었던 창녕과 한성(지금의 서울)의 북한산, 함경남도의 황초령과 마운령에는 각각 진흥왕 순수비를 세웠지.

한편 금관가야와 대가야가 차례로 멸망하면서 가야 연맹은 역사 속으로 사라지게 돼. 가야는 한때 중국이나 일본과 활발하게 무역을 하며 힘을 길렀지만, 연맹 안의 여러 나라들이 하나로 강하게 뭉치지 못했기 때문에 삼국의 경쟁 속에서 끝까지 살아남을 수 없었단다.

이번 정거장에서 더 알아보기

신라의 화랑도

화랑도는 신라가 삼국을 통일하는 데 중요한 역할을 했던 청소년 수련 단체예요. 화랑도에 속해 있던 화랑들은 '세속 오계'를 지키며 평소에는 산과 들에서 무술과 도의를 닦고, 전쟁 때는 나라를 위해 목숨을 바쳤어요.

세속 오계는 충성으로 임금을 섬기며, 효로 부모를 섬기며, 믿음으로 벗을 사귀며, 전쟁에 나가 물러서지 않으며, 살생은 가려서 한다는 5가지의 계율을 말하지요.

우리나라 최초의 여왕, 선덕 여왕

632년 신라 진평왕이 세상을 떠나자 선덕 공주가 왕의 자리에 올랐어요. 우리나라 처음으로 여왕이 탄생한 것이었어요. 신라에는 골품제라고 하는 신분 제도가 있었는데, 이 때문에 부모가 모두 왕족인 성골이 아니면 왕이 될 수 없었어요. 그런데 진평왕이 세상을 떠났을 때 왕위를 이을 성골은 선덕 여왕과 그 사촌 동생인 진덕 여왕뿐이었지요.

그래서 왕이 된 선덕 여왕은 지혜가 뛰어나고 용감함도 남자 못지 않았다고 해요. 동양 최초의 천문대인 첨성대를 세운 것도 바로 선덕 여왕 때였지요.

11 살수 대첩과 안시성의 싸움이 일어났어요

**589년에서 668년까지
고구려와 수나라·당나라와의 전쟁**

7세기에 접어들자 삼국은 힘이 더 커진 만큼 한반도안에서 서로 주도권을 쥐기 위해 더욱 치열한 대결을 벌였단다. 이러한 대결은 한반도 밖에서도 마찬가지였어. 한반도 밖에서는 중국과 왜 등이 나서서 동북아시아에서 서로 강자가 되려고 때로는 손을 잡고, 때로는 전쟁을 치르기도 했지. 엄청난 대결의 현장 속으로 버스를 타고 지나가 볼까?

동북아시아는 한반도와 중국, 왜 등이 있는 지역을 말해. 이미 6세기 말부터 동북아시아에서는 남쪽과 북쪽으로 이어지는 나라인 고구려,

백제, 왜, 돌궐 세력과 동쪽과 서쪽으로 연결되는 나라인 신라와 중국의 수(당) 세력이 팽팽하게 버티고 있었어.

그런 상황 속에서 고구려는 언젠가 수가 고구려를 쳐들어올 거라고 생각했어. 그래서 수의 땅인 랴오허강 건너 요서 지역을 먼저 공격했지. 또 수의 왕인 문제가 이끄는 군사들을 물리치기도 했단다. 수문제의 뒤를 이은 왕인 수양제는 그런 고구려가 눈엣가시 같았어. 그래서 612년, 113만 명의 대군을 일으켜 고구려 땅 요동성을 공격했지. 수양제는 줄기차게 요동성을 공격했지만 요동성은 무너지지 않았어. 약이 오를대로 오른 수양제는 다시 날쌘 군사 30만 명을 모아 별동대를 만들어 평양성을 공격하게 했지. 그러나 수의 별동대 역시 고구려 장군 을지문덕의 뛰어난 작전에 말려들고 말았어. 결국 별동대는 굶주리고 지친 몸으로 후퇴를 할 수 밖에 없었지.

하지만 거기서 끝이 아니었어. 고구려 을지문덕 장군은 살수(지금의 청천강)에 몰래 숨어 있다가 강을 건너던 수의 별동대를 모조리 죽여 버렸어. 30만 명의 수나라 군사 가운데 살아서 돌아간 사람이 2,700명 정도에 불과할 정도로 고구려는 큰 승리를 거두었단다. 이것이 살수대첩이야. 고구려와의 무리한 전쟁으로 힘을 잃은 수는 끝내 멸망하고 말았어. 그러나 수를 이어 중국 땅을 통일한 당이 또다시 고구려를 넘보기 시작했지. 고구려는 당이 쳐들어올 것을 대비해 랴오허강 주변으

안시성 싸움
안시성의 성주 양만춘과 백성들은 당의 침략을 끈질기게 막아 냈어요.

로 천리 장성을 쌓았어.

그런데 이 무렵 고구려에서는 연개소문이라는 장군이 고구려의 영류왕과 신하들을 모두 내쫓고 나라의 권력을 독차지하고 있었단다. 고구려의 사정을 알게 된 당은 연개소문이 옳지 못한 일을 했다며 이를 빌미 삼아 고구려를 다시 쳐들어왔어. 당은 랴오허강을 건너 고구려의 요동성과 백암성을 차례로 무너뜨린 뒤 안시성으로 몰려왔지. 엄청난 수의 당 군대는 안시성을 몇 겹으로 포위하고는 공격을 퍼부었어. 하지만 안시성의 성주인 양만춘을 비롯해 고구려 백성들의 끈질긴 저항으로 당의 군대는 결국 88일 만에 발길을 돌리고 말았단다. 이렇게 고구려는 수와 당, 그러니까 중국 대륙 두 나라의 공격을 모두 물리쳐 낸 거야.

하지만 고구려는 커다란 전쟁을 계속 치르느라 나라 힘이 약해지고 말았어. 또 24년 동안 권력을 휘두른 연개소문이 죽은 뒤 그의 세 아들이 서로 권력을 두고 다투느라 나라는 더욱 불안해졌지. 결국 668년, 고구려는 신라와 당의 연합군에게 멸망하고 말았단다.

이번 정거장에서 더 알아보기

중국의 침략을 물리친 고구려의 힘

7세기에 수와 당을 상대로 고구려가 승리할 수 있었던 이유는 백성들의 강한 정신력과 잘 훈련받은 군대 덕분이었어요. 또 성곽을 중심으로 방어선을 튼튼히 하고, 요동 지역에 좋은 무기를 생산해 낼 수 있는 철광 지대를 갖고 있었던 것도 고구려의 승리에 도움이 되었지요.

만약 고구려가 중국의 침략을 제대로 막지 못했다면 어땠을까요? 아마 우리 민족은 큰 시련과 위기를 맞았을 거예요.

12 백제 오천 결사대가 쓰러지고 말아요

**641년에서 660년까지
나·당 연합군의 전쟁과 백제의 멸망**

고구려가 멸망하기 8년 전인 660년이었어. 백제의 땅 황산벌(지금의 충남 연산)에 신라군이 쳐들어왔단다. 신라가 중국의 당과 손을 잡고 백제를 무너뜨리기로 한 거야. 김유신이 이끄는 신라군은 황산벌로, 소정방이 이끄는 당군은 금강 쪽으로 가 양쪽에서 백제를 공격했단다. 자, 그럼 우리도 버스를 타고 이 전쟁터로 달려가 볼까?

이때 계백 장군은 백제를 지키기 위해 나섰어. 그는 목숨을 바치기로 한 백제의 결사대 5,000명과 함께 황산벌에서 신라군과 맞섰지. 하지

만 신라군의 숫자는 무려 5만 명이나 되었단다. 5,000명과 5만 명이라니 군사 수가 너무 많이 차이가 나지? 그러한 불리한 상황에서도 나라를 지키기 위해 나선 것을 보면 계백 장군과 결사대의 각오가 얼마나 대단했는지 알 수 있어. 심지어 계백 장군은 전쟁터로 나가기 전에 "나라가 무사할지 알 수 없다. 나라가 망해 처자식이 적의 포로가 되어 욕을 당하느니 차라리 죽는 게 낫다."며 아내와 자식을 칼로 베었다고 해.

 신라군은 수가 많기는 했지만 이처럼 죽음까지 각오한 5,000명의 백제 결사대를 쉽게 굴복시킬 수 없었어. 백제군이 사흘 동안 네 차례나

낙화암

신라군의 공격을 막아 내는 놀라운 일이 벌어졌지.

그런데 이러한 기세가 한번에 뒤바뀌는 일이 일어났어. 신라군에 있던 열여섯 살짜리 화랑 관창이 혼자 백제군 진영으로 달려가 용감하게 싸우다 죽은 거야. 이 일로 화가 난 신라군은 사기가 올라 맹렬하게 백제를 공격했지. 결국 계백 장군을 비롯한 결사대는 단 한 명도 살아남지 못했단다. 황산벌은 백제를 위해 죽은 계백 장군과 결사대 5,000명이 흘린 피로 붉게 물들었어.

신라군은 당군과 함께 백제의 수도인 사비성(지금의 충남 부여)까지 쳐들어갔고, 백제

정림사지 5층 석탑
당의 장수 소정방이 백제를 쳐들어왔다는 글귀가 새겨진 백제의 석탑이에요.

는 멸망하고 말았단다. 백제의 마지막 임금 의자왕은 신라와 당의 연합군에게 항복한 뒤, 포로가 되어 당으로 끌려갔어.

백제의 의자왕은 젊었을 때는 신라를 여러 차례 공격해 대야성을 비롯한 40여 개의 성을 빼앗는 등 나라의 힘을 키운 용감한 왕이었어. 그러나 나중에는 왕의 힘을 더욱 키우느라 귀족들과 사이가 나빠졌고 자주 귀족들과 힘겨루기를 했어. 신하들은 군사를 키워 신라의 공격에 대비해야 한다고 말했지만 이 말도 듣지 않았지.

반면 신라는 이전 대야성 전투에서 의자왕에게 지고 난 다음, 위기감을 느껴 김춘추를 당으로 보내 당과 동맹을 맺었단다. 그러고는 백제와 고구려를 잇따라 공격했어. 신라는 대야성 전투에서 졌던 일을 발판으로 오히려 삼국을 통일할 수 있는 계기를 만든 기야. 이처럼 한 나라를 이끄는 지도자의 역할과 판단은 정말 중요하단다.

이번 정거장에서 더 알아보기

백제와 고구려의 부흥 운동

백제가 멸망한 뒤 왕족인 복신과 승려 도침, 흑치상지 등은 군사를 일으켜 백제를 부흥시키려 했어요. 이들은 일본에 기 있던 백제의 왕사 풍을 왕으로 삼고, 당군과 신라군이 있던 사비성을 공격했답니다. 하지만 지도자들 사이에 의견이 맞지 않아 결국 백제 부흥 운동은 실패했지요.
고구려를 다시 살리려는 운동도 여러 곳에서 일어났어요. 검모잠은 고구려의 마지막 임금인 보장왕의 아들 안승을 왕으로 세워 당군과 싸웠지만 결국 졌어요. 요동 지방에서는 보장왕과 그 손자 보원이 부흥 운동을 일으켰지만 이 역시 여의치 않았답니다. 한번 국운이 크게 기울고 멸망한 나라를 다시 일으킨다는 것은 결코 쉬운 일이 아니었어요.

13 삼국이 하나로 통일되었어요

**668년에서 676년까지
신라·당 전쟁과 삼국 통일**

저기 봐! 백제와 고구려가 멸망하자 당은 곧 한반도를 차지하려는 욕심을 드러냈단다. 우리도 버스를 타고 얼른 그 현장으로 가 보자.

원래 신라와 당은 동맹을 맺은 사이였어. 신라는 당과의 동맹을 이용해 백제와 고구려를 멸망시킬 때 당을 끌어들였지. 신라의 김춘추는 이때 당과 비밀 약속을 하나 했어. 그게 뭐냐고? 고구려를 공격할 당의 군대를 신라에 보내 주면 나중에 당에게 대동강 이북의 땅을 떼어 주겠다는 것이었단다.

 그런데 막상 백제와 고구려가 멸망하자 당은 이 정도로는 만족하지 않았어. 당은 대동강 이북은 물론 백제와 고구려의 땅이었던 곳까지 군대를 보내는가 하면, 백제 땅에는 웅진도독부를, 고구려 땅에는 안동도호부를 두고 그곳에 사는 사람들을 직접 다스리려고 했어. 심지어는 신라에도 계림도독부를 두어 지배하려 했지.

 이러한 당의 행동은 한반도 전체를 자기 땅으로 만들려 하는 것이나 다름없었어. 신라는 당의 행동을 그냥 두고 볼 수가 없었단다. 결국 신라와 당의 동맹은 깨어졌고, 전쟁이 시작되었어.

경주 문무 대왕릉
삼국 통일을 이룬 신라 문무왕의 무덤이에요.

　신라는 먼저 당군이 있던 사비성을 공격해 그곳의 웅진도독부를 없애 버렸어. 또 신라는 멸망한 고구려 사람들과 힘을 모으기 위해 고구려 부흥 운동을 뒤에서 돕거나 고구려의 왕족인 안승이 전북 익산에 보덕국이라는 나라를 세우도록 허락하기도 했지. 그러자 당은 말갈군과 거란군을 앞세워 신라를 더욱 위협했어. 이에 맞서 신라는 오랜 전쟁을 치른 끝에 결국 당군을 대동강 이남에서 완전히 몰아내고, 통일을 이루었단다. 바로 676년의 일이야.

　신라가 당과의 전쟁에서 가장 큰 승리를 거둔 것은 매소성 전투였어. 매소성은 지금의 경기도 양주 지역이지. 이 전투에서 신라군은 길이가 긴 창(장창)을 이용해 20만 명이나 되는 당군을 물리쳤어. 기벌포에서도 큰 승리를 거두었단다. 기벌포는 금강 하류에 있는데, 금강 쪽으로 쳐들어오려던 당의 수군을 여기서 크게 물리쳤지. 당은 두 전투에서 지고는 기세가 꺾여 대동강 이북으로 물러나고 말았어.

당시 삼국을 통일한 신라의 땅은 어디까지였을까? 서쪽으로는 대동강, 동쪽으로는 원산만을 잇는 선을 기준으로 그 이남이 모두 신라의 땅이 되었어. 하지만 한반도 전체를 아우르지는 못했지. 또 고구려의 옛 땅인 만주로도 세력을 넓히지 못했어. 또 삼국이 경쟁하고 통일하는 과정에서 바깥 세력인 당의 도움을 받았다는 점도 한계로 여겨지지.

그럼에도 삼국 통일은 우리 역사에서 아주 큰 의미가 있는 중요한 사건이야. 우리 민족이 처음으로 이룬 통일이었거든. 또 이는 우리의 민족 문화를 새롭게 이루는 계기가 되었단다.

이번 정거장에서 더 알아보기

김춘추의 외교

'김춘추가 당 태종에게 말했다. "굳세고 교활한 백제가 신라를 여러 번 마음대로 침략하고 급기야 수십 곳의 성을 함락시켜 중국으로 들어가는 길을 막았습니다. 당에서 신라에 군사를 보내 주지 않으면 신라 백성들은 전부 백제에게 사로잡혀 중국에 예물을 바칠 수 없을 것입니다." 그러자 당 태종은 신라에 군대를 보내라고 했다.'

《삼국사기》에서는 김춘추와 당이 동맹을 맺는 모습을 이렇게 쓰고 있어요. 그런데 원래 김춘추는 당으로 가기 전에 먼저 고구려를 찾았다고 해요. 백제의 침략에 시달리던 신라가 고구려의 도움을 받으려 한 것이지요. 하지만 당시 고구려 보장왕은 신라가 빼앗은 죽령 서북쪽의 땅을 먼저 돌려 달라고 하면서 김춘추를 감옥에 가두어 버렸어요. 김춘추는 여기서 간신히 탈출해 당으로 갔지요.

만일 이때 고구려가 김춘추의 부탁을 받아들였다면 삼국의 역사는 어떻게 달라졌을까요? 이렇게 생각해 보면 역사가 더 재미있을 거예요.

14 대조영이 발해를 세웠어요

**698년에서 926년까지
발해의 건국과 발전**

　　이번 정거장은 발해야. 신라가 한반도 중남부를 통일한 지 20년쯤 지난 698년이었어. 압록강 너머 길림성의 동모산 근처에는 발해라는 나라가 세워졌단다. 발해의 지배층들은 대부분 고구려 사람이었지. 이처럼 발해는 고구려를 이어받았다는 자부심을 가지고 태어난 나라였어.
　　그런데 고구려 사람들은 어떻게 발해를 세우게 되었을까? 고구려가 멸망한 다음, 한반도에 남은 고구려 사람들은 곳곳에서 당의 군대와 맞서 싸웠어. 그런데 이때 요서 지방에서도 당의 지배에 시달리던 고

구려 사람들이 있었단다. 이곳에 살던 고구려 사람들은 고구려가 멸망했을 때 당으로 끌려간 사람들이었지.

그러던 어느 날 대조영이라는 사람이 이곳의 고구려 사람들과 말갈 사람들을 함께 모아 랴오허강을 건너 요동 지역으로 건너갔어. 당군은 이 고구려 사람들과 말갈 사람들을 잡으려고 뒤쫓아 왔지만 대조영은 이들 당군을 모두 물리치고 동모산 근처에 발해를 세웠단다.

그렇게 해서 발해는 고구려 사람과 말갈 사람으로 구성된 나라가 되었어. 발해의 백성 열 명 가운데 서너 명 정도가 고구려 사람이었다고

동모산
발해가 건국된 뒤 56년 동안 발해의 도읍지였던 곳이에요.

이곳은 대조영이 발해를 건국한 곳이야.

전해진단다. 발해의 왕들 역시 자신들을 고구려 주몽의 후손이라고 주장했어. 발해가 일본에 보낸 공식 외교 문서에는 '우리는 고구려의 옛 땅을 되찾고, 부여의 전통을 이어받았다.'고 적혀 있지. 또 발해는 고구려, 발해왕은 고구려왕이라고 부르기도 했단다.

발해는 나라를 세운 뒤, 한동안 당이나 신라와 사이가 좋지 않았어. 고구려를 멸망시킨 나라가 바로 당과 신라였으니 말이야. 발해는 대신 북쪽에 있던 돌궐이나 왜와 친하게 지냈단다. 하지만 나라가 안정된 문왕 때부터는 당의 앞선 문물과 제도를 받아들이기 시작했어. 또 신라와도 활발하게 교류를 시작했지. 발해는 신라의 국경에서부터 발해 중심부까지 역을 설치해 신라와 편하게 왕래하고, 도읍을 동모산에서 상경 용천부로 옮기기도 했어.

그리하여 발해는 9세기 전반 선왕 때에 최고 전성기를 맞이했어. 영토도 계속 넓혀 가 옛 고구려의 드넓은 땅을 거의 다 되찾았단다. 당시 발해의 영토는 신라보다도 훨씬 넓어 동쪽으로는 연해주, 서쪽으로는 요동, 남쪽으로는 신라와의 국경 지대인 영흥, 북쪽으로는 헤이룽강에 이르렀어. 한반도 북부는 물론, 만주의 대부분과 연해주까지 지배하게 된 거야. 그러자 중국은 발해를 '해동성국'이라고 부르기도 했단다. 해동성국이란 '바다 동쪽에 있는 융성한 나라'라는 뜻이야.

발해는 넓은 나라를 다스리는 데 불편함이 없도록 곳곳에 길을 잘 닦았어. 대표적으로 거란이나 일본, 신라 등과의 국제 무역에 쓰인 5개의 길이 있지. 그 길을 중심으로 국제 무역이 이루어지면서 지방 행정의 중심지들도 번성했어.

하지만 발해는 9세기 후반부터 지배층 사이에 다툼이 생기면서 서서히 나라 힘을 잃고 말았단다. 그러다가 몽골 지역에서 세력을 키우던 거란족에게 926년 아쉽게도 멸망하고 말아.

이번 정거장에서 더 알아보기

서로 다른 민족으로 구성되었던 나라, 발해

발해의 마을에서는 주로 고구려 사람이 우두머리가 되었어요. 고구려 사람이 말갈 사람들을 지배한 것이지요. 하지만 고구려 사람이었던 우두머리들은 말갈 사람들을 존중하고 말갈의 전통도 잘 지켜 주었답니다. 그렇게 해서 발해는 서로 다른 민족 사이에서 생길 수 있는 갈등을 줄일 수 있었어요.

15 궁예, 견훤, 왕건의 후삼국이 세워졌어요

**8세기 말에서 918년까지
신라의 쇠퇴와
후고구려와 후백제의 건국**

 **신라는 통일을 이룬 다음** 눈부시게 발전해 나갔어. 그러나 8세기 후반에 들어서자 귀족들 사이에서 권력을 두고 다툼이 생기기 시작했지. 서로 왕 자리를 두고 싸우다 보니 150년 동안 왕이 무려 20명이나 바뀔 정도였어.

나라가 이렇게 혼란스러우니 지방에서 세력을 키우고 있던 사람들 사이에서는 사회를 새롭게 바꾸어야 한다는 생각이 널리 퍼지게 되었단다. 이처럼 지방에서 힘을 키우고 있던 사람들을 '호족'이라고 해. 호족들은 넓은 땅과 돈을 가지고는 지방의 백성들을 직접 다스리며 세력

을 넓혔지. 자기가 관리하는 지역에 사는 백성들에게 세금을 걷는가 하면 자기만의 군사를 거느리기도 했어. 이렇게 지방 호족들의 힘이 점점 강해지는 데도 신라의 귀족들은 서로 힘을 겨루는 데에만 신경을 쓸 뿐이었어. 왕의 힘도 점점 약해졌지.

　지방 호족 세력을 중심으로 새로운 사상도 유행했어. 불교의 한 갈래인 선종과 풍수지리설 등이란다. 신라가 한참 발전할 때에는 불교의 교리를 중시한 교종이 왕과 귀족들 사이에서 유행했어. 하지만 나라가 혼란스러워지다 보니 각자 정신 수양을 통해 부처님의 마음을 깨닫는

국사암 석조여래입상
고려 후기에 만들어진 삼존불로 궁예 미륵상이라고 불러요.

여기 가운데 있는 불상이 후고구려를 세운 궁예미륵을 나타낸 것이라고 해.

것이 중요하다는 선종이 널리 퍼지게 되었어. 또 땅의 좋고 나쁨이 있다고 주장하는 풍수지리설을 통해 지방 호족들은 자신들이 세력을 떨치고 있는 땅이 좋은 곳이라며 백성들의 마음을 얻으려고 했어.

중앙 정치가 제대로 되지 않아 백성들의 생활도 매우 어려워졌어. 그러나 나라 살림이 어려워진 왕은 백성들에게서 세금을 더 걷으려 했지. 하지만 백성들은 흉년과 전염병으로 이미 지친 탓에 세금을 더 낼 수가 없었어. 가난한 백성들은 굶주림을 더 이상 참지 못해 집을 떠나 여기저기를 떠돌았고, 때로는 도적 떼가 되기도 했단다. 관청에 떼로 몰려가 울분을 토하기도 했지.

이처럼 나라 곳곳에서 백성들이 들고 일어나자 이 혼란을 틈타 더욱 세력을 뻗친 사람들이 나라를 세웠어. 바로 후백제와 후고구려야. 후백제를 세운 견훤은 원래 서해안과 남해안을 지키던 군인이었어. 견훤은 농민 도적 떼와 서해안에서 활동하던 사람들을 이끌고 나주와 무진주(지금의 광주)로 왔지. 그리고 900년 드디어 완산주(전주)를 중심으로 후백제를 세웠단다.

궁예는 신라의 왕족 출신이었어. 궁예는 호족인 양길의 부하였는데, 자신의 세력을 이끌고 나와 강원도와 경기도 지역에서 세력을 키웠어. 그리고는 다른 호족들의 도움을 얻어 901년 송악(개성)을 도읍으로 삼고 왕위에 올랐지. 또 얼마 뒤에는 도읍을 철원으로 옮기고 나라 이름을 태봉으로 바꾸었어. 하지만 궁예는 나중에 신하들에게 쫓겨나게 되고, 그 뒤를 이어 왕건이 후고구려의 왕이 된단다.

이렇게 해서 신라가 차지했던 땅은 신라와 후백제, 후고구려(태봉)로 다시 나누어지게 되었어. 후삼국 시대가 열린 것이었지.

이번 정거장에서 더 알아보기

왕위에서 쫓겨난 궁예

궁예는 부하들을 잘 이끌고 일을 추진하는 능력도 뛰어났다고 해요. 석가모니 다음으로 세상에 나타나 사람들을 구제해 준다는 미륵이 바로 자신이라고 하며 백성들의 마음도 얻었지요.
하지만 궁예는 왕위에 오른 뒤 주변 사람과 백성들을 의심해 처참하게 죽이는 일이 많았어요. 고려 시대 김부식이 쓴 《삼국사기》에서는 '왕이 의심이 많고 화를 잘 내니, 보좌관과 장수, 관리부터 평민에 이르기까지 죄 없이 죽음을 당하는 일이 자주 있었다.' 라고 적혀 있어요. 결국 궁예는 918년 자신의 신하였던 홍유, 배현경, 신숭겸, 복지겸 등에게 쫓겨나고 만답니다.

이번 정거장을 떠나기 전에

키워드와 사진으로 정리하는
삼국의 발전

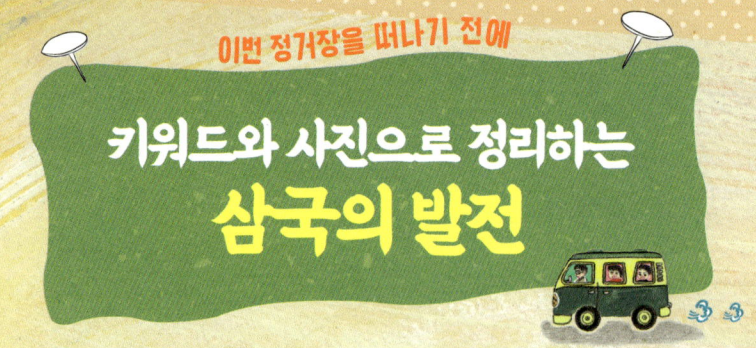

★ 혜초의 왕오천축국전

혜초는 신라 시대의 승려였어요. 혜초는 불교의 본고장으로 처음 여행을 떠난 우리나라 최초의 여행가로도 유명하지요. 그는 719년 중국 당으로 건너가 인도 스님 금강지의 제자가 되었어요. 그 뒤 혜초는 10년 넘게 인도와 동남아시아, 중앙아시아에 있는 여러 나라를 여행하며 둘러보고는 기행문을 남겼답니다.

그렇게 남긴 여행기가 바로 '왕오천축국전'이에요. 이 말은 '천축국 다섯 나라를 가다'라는 뜻이에요. 천축국은 지금의 인도를 가리키지요. 727년에 쓴 이 책에는 8세기 초 인도와 그 부근 사람들의 모습이 잘 묘사되어 있어 당시 그들의 생활을 알려 주는 소중한 자료가 되고 있어요. 또 이 책에는 신라 사람들의 진취적인 정신 또한 그대로 담겨 있답니다.

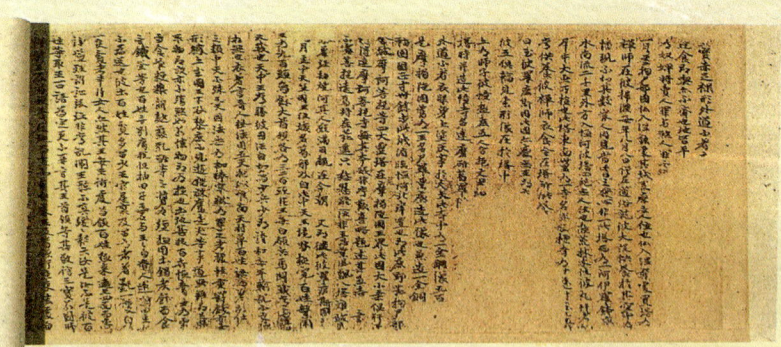

왕오천축국전
혜초가 쓴 이 책은 세계 4대 여행기 중 하나로 손꼽히고 있어요. 지금은 프랑스 파리 국립 도서관에 보관되어 있지요.

★ 당의 장수가 된 고선지

지금으로부터 대략 1300년 전, 중앙아시아 일대와 비단길(실크로드) 주변에서 세력을 떨치던 고구려 사람이 있었어요. 바로 중국 당의 뛰어난 장수, 고선지예요. 그는 고구려 사람이었지만 스무 살에 당의 장군이 되어 실크로드를 지키는 일을 맡았어요. 고선지는 파미르 고원을 누비며 72개의 나라를 모두 항복시키는 큰 공을 세웠어요. 또 당에 반항하는 달해부를 물리치고 오늘날 아프가니스탄과 파키스탄까지 쳐들어갔답니다. 그는 당시 중앙아시아와 이슬람 나라 사이에서 '실크로드의 제왕'으로 불리며 이름을 널리 떨쳤지요.

751년 동양과 서양이 처음으로 맞붙은 전쟁인 탈라스 전쟁에서도 당의 10만 대군을 지휘하며 총사령관으로 활약했어요. 그래서 중국에서는 고선지를 '서역의 수호신'으로 불렀고, 이슬람에서는 '중국 산맥의 왕'으로 부르기도 했답니다.

★ 성덕 대왕 신종의 전설

성덕 대왕 신종은 신라 성덕 대왕의 아들 경덕왕이 아버지를 그리워하며 만든 종이에요. 이 종은 우리나라 종 중에서 가장 큰 것으로 꼽히는데 높이가 3.75미터예요. 종의 맨 아래쪽 지름은 2.27미터, 무게는 무려 18.9톤이나 되고요.

모양과 소리도 세계에서 손꼽힐 정도로 무척 아름다워요. 신종에는 무릎을 꿇고 부처님에게 공양하는 아름다운 비천상이 네 군데에 새겨져 있어요. 비천상은 하늘에 사는 여자 신선을 그린 그림이나 조각으로, 신라 사람들의 뛰어난 금속 기술을 보여 주지요. 또 종소리 역시 일본과 중국의 것보다 더 아름답고 신비롭다고 해요.

성덕 대왕 신종은 처음에 봉덕사라는 절에 있었다고 해서 봉덕사종이라고도 불렀는데, 에밀레종으로 더 널리 알려져 있어요. 종을 만들 때 아이를 집어넣었다는 전설이 전해 오기 때문이에요. 종소리가 엄마를 부르는 아이 소리처럼 '에밀레'로 들린다고 해서 이렇게 이름 지어졌지요.

성덕 대왕 신종
경덕왕이 만든 이 종은 에밀레종, 봉덕사종이라고도 불러요.

★ 바다의 제왕 장보고

신라의 장보고는 9세기 초 전남 완도에 청해진을 설치하고 당과 신라, 일본, 발해를 잇는 해상 무역을 벌여 이름을 떨친 사람이랍니다.

신라 사람이었던 장보고는 당으로 건너가 군인으로 활동했어요. 그런데 그곳에서 신라 사람들이 당의 해적들에게 잡혀 와 노비로 팔리는 것을 자주 보게 되었지요. 그 일에 화가 난 장보고는 신라로 돌아와 흥덕왕에게 청해를 맡겨 달라고 간청했어요. 신라의 바다를 지키고 신라 사람들이 노비로 끌려가는 것을 막겠다는 것이었어요. 그러자 흥덕왕은 군사 1만 명을 내주고 청해진을 설치하게 했답니다.

청해진은 당에서 한반도의 남해안을 거쳐 일본의 기타큐슈에 이르는 바닷길의 중간 지점이었어요. 장보고는 여기서 중국의 해적을 물리치는 것은 물론, 이곳을 토대로 국제 무역이 더욱 활발하게 일어나도록 했어요. 장보고는 이러한 국제 무역으로 많은 돈과 명성까지 얻으면서 서남해안의 막강한 세력으로 성장했어요.

청해진
청해진은 당과 한반도, 일본을 잇는 바닷길의 중간으로 국제 무역의 중요한 지점이었어요.

★ 공부의 왕 최치원

신라에는 골품제라는 독특한 신분 제도가 있었어요. 왕이 될 수 있었던 가장 높은 계급인 성골, 성골과 다른 계급 사이에서 태어난 진골, 그 아래로 1두품에서 6두품 그리고 두품 아래에는 평민이 있었지요.

이처럼 모두 태어날 때부터 정해진 신분이 있어서 신라에서는 제아무리 뛰어난 사람이라도 신분이 낮으면 높은 벼슬에 오를 수 없었어요. 그러다 보니 귀족의 가장 낮은 단계인 6두품 신분의 지식인들의 불만이 특히 높았답니다.

최치원 역시 6두품으로 높은 벼슬을 할 수 없는 신분이었어요. 하지만 그는 열두 살 때 당나라로 유학을 가 과거 시험에 합격하고 지방 관리를 지낼 정도로 실력이 뛰어났지요.

최치원은 다시 신라로 돌아와서는 신라 역시 능력에 따라 관리를 뽑아야 한다고 주장했어요. 그러고는 진성 여왕에게 골품제의 모순을 바로잡기 위한 개혁안을 올리기도 했답니다.

최치원
뛰어난 학자이자 문장가였지만 신라의 신분제 때문에 현실 정치에서 뜻을 펼치지 못했어요.

통일된 나라 고려
고려의 건국에서 위화도 회군까지

- 삼국통일 676년
- 발해 건국 698년
- 후백제 건국 900년
- 후고구려 건국 901년
- 고려 건국 918년 (출발)

- 탕평책 실시 1725년
- 병자호란 1636년
- 임진왜란 1592년
- 병인양요 1866년
- 강화도 조약 1876년

- 동학 농민운동 1894년
- 대한제국 성립 1897년
- 을사조약 1905년
- 한일병합 1910년

- 서울 올림픽 개최 1988년
- 6·15 남북 공동 선언 2000년

16 왕건이 새 나라 고려를 세웠어요

**918년에서 936년까지
왕건의 고려 건국과 후삼국 통일**

　　이번 정거장은 고려 정거장이야. 고려라는 새 나라가 탄생하는 역사 속으로 떠나 볼까? 궁예가 물러난 뒤 후고구려(태봉)의 왕이 된 왕건은 918년 나라 이름을 '고려'로 고쳤어. 옛 고구려를 이어받는다는 뜻으로 말이야. 또 이듬해에는 도읍을 송악(지금의 개성)으로 옮겼단다. 왕건은 후삼국을 통일하기 위해 노력을 기울이며 견훤이 이끄는 후백제와 팽팽하게 맞섰지. 반대로 신라와는 친하게 지내는 방법을 썼어.

　　그리고 얼마 뒤 나라의 힘이 약해질 대로 약해진 신라는 후백제의 계

속된 공격을 더 이상 견딜 수가 없었단다. 그리고 결국 935년 경순왕 때 고려의 왕건에게 나라를 내주고 말아.

그러나 후백제에도 문제가 있었어. 왕의 자리를 누가 이어받을지를 두고 나라 안에서 심각한 싸움이 벌어진 거야. 당시 후백제의 왕 견훤은 넷째 아들인 금강을 특별히 아끼고 사랑했단다. 그러자 이복형제인 큰 아들 신검은 자신이 왕위를 물려받지 못할까 봐 불안해했어. 그는 결국 금강을 죽이고 스스로 왕이 되었지. 또 아버지 견훤을 금산사라는 절에 가두어 버리기까지 했어.

태조 현릉
개성 개풍군 해선리 만수산 위에 자리 잡고 있어요.

　금산사에 잡혀 있던 견훤은 3개월 만에야 겨우 그곳을 탈출할 수 있었지. 견훤은 자신을 배신한 아들을 등지고 고려의 왕건에게로 갔단다. 왕건은 이 기회를 놓치지 않았어. 936년 왕건은 견훤과 함께 신검의 후백제군을 물리치고 마침내 후삼국을 통일했어.

　그런데 삼국에서 마지막으로 남은 두 사람 견훤과 왕건 중 결국 후고구려의 왕건이 후삼국을 통일할 수 있었던 이유는 무엇일까? 무엇보다 왕건은 백성의 마음을 중요하게 여겼단다. 왕건은 가혹한 세금으로 고통받던 신라 백성들을 위해 세금을 많이 걷지 않았어. 또 전쟁을 할 때 군사들이 백성들에게 피해를 입히지 않도록 군대의 규율을 엄격하게 세웠단다. 그러다 보니 백성들은 왕건을 마음으로 따르며 환영했지.

　반면 견훤은 여러 가지 면에서 뛰어났지만, 백제를 멸망시켰던 신라를 계속해서 원수로 대했어. 세금도 지나치게 많이 걷어 들여 백성이나 호족들의 마음을 전혀 움직이지 못했지.

실제로 견훤은 930년에 일어났던 고창(지금의 경북 안동) 전투 이전까지만 해도 후고구려와 신라를 압박할 정도로 세력을 키웠다고 해. 하지만 고창 전투에서 지방 호족들이 모두 왕건의 편에 서면서 견훤은 크게 졌고, 세력을 잃게 되었단다.

이처럼 고려가 후삼국을 통일하면서 신라와 발해, 후백제 등으로 나뉘어 있던 민족이 비로소 하나로 합쳐졌어. 고려의 태조 왕건은 옛 고구려와 백제, 신라 사람 모두를 한 나라의 백성으로 적극적으로 받아들였어. 또한 고려로 망명한 발해의 세자 대광현과 그 유민들도 따뜻하게 맞아들였지. 이를 통해 고려는 정치와 사회, 문화 등 모든 면에서 커다란 통합을 이루게 되었어.

이번 정거장에서 더 알아보기

태조 왕건의 훈요십조

고려를 세운 태조 왕건은 세상을 떠나기 전, 후손들에게 10가지의 교훈을 남겼어요. 이것을 '훈요십조'라고 해요. 훈요십조의 중요한 내용으로는 '불교의 힘으로 나라를 세웠으니 불교 행사를 성실하게 열고 오래 받들 것, 고구려의 도읍이었던 서경(평양)을 중요하게 여기고 북쪽으로 땅을 넓히는 데 힘쓸 것, 고구려의 옛 영토를 빼앗은 거란을 배척할 것' 등이에요. 훈요십조를 보면 특히 옛 고구려의 땅을 회복하고 싶어 했던 태조 왕건의 의지가 잘 드러난답니다.

17 서희의 외교로 거란을 물리쳤어요

993년에서 1019년까지 거란의 세 차례 침략과 격퇴

자, 이제 우리는 10세기 후반에 도착했어. 당시 동북아시아는 어떤 상황이었을까? 이때 역시 동북아시아 지역의 주도권을 잡기 위해 각 나라의 다툼이 치열한 시기였어. 고려, 중국의 송, 만리장성 이북의 거란 사이에서는 크고 작은 싸움이 끊이지 않았지.

고려는 송과는 외교를 맺고 자주 왕래했지만, 거란은 멀리했어. 태조 왕건이 남긴 훈요십조 내용을 보면 왜 그랬는지 알 수 있단다. 고려는 거란이 빼앗아 간 옛 고구려 땅을 되찾으려고 했어. 그랬기 때문에 거

란과 사이좋게 지낼 수 없었던 거야.

한편 거란은 송을 물리치고 중국 대륙을 차지하고 싶어 했단다. 하지만 무조건 송을 공격했다가는 고려의 공격을 받을 수 있다고 생각했기 때문에 우선 고려의 기세부터 꺾겠다고 결심했어. 그래서 거란은 993년부터 1019년까지 3차례에 걸쳐 고려를 공격했지.

그중 거란의 1차 침입에 대해 알아볼까? 거란의 1차 침입은 고려 성종 때인 993년, 거란의 장수 소손녕이 80만 대군을 이끌고 압록강을 건너 쳐들어온 거야. 그러자 고려 조정에서는 거란의 강력한 군사력에 지레 겁을 먹고 거란에게 항복하자는 의견이 나왔어.

하지만 이에 반대하는 사람이 있었어. 바로 국제 정세에 밝고 외교력이 탁월했던 서희였단다. 서희는 직접 소손녕과 담판을 벌이겠다고 하고는 당당히 나섰어. 그 결과는 어땠을까? 서희는 칼 한 번 휘두르지 않고 거란의 80만 대군에게 승리를 거두었단다. 또 고려의 땅을 내주기는커녕 거란으로 가는 길목인 압록강 동쪽 280리 땅을 받아 냈어. 어때, 대단하지? 서희의 활약을 함께 들여다볼까?

먼저 소손녕이 "고려는 신라 땅에서 일어난 나라이며, 고구려 땅은 원래 우리 것이었는데 고려가 차지하지 않았소? 또 우리와 국경을 맞대고 있으면서도 바다 건너 있는 송을 섬기니 섭섭하오. 우리에게 옛 고구려의 땅을 바치고 국교를 연다면 고려는 무사할 것이오."라고 했어.

그러자 서희는 "고려는 신라가 아닌 고구려를 이은 나라요. 거란의

거란은 발해를 멸망시키고 고려도 세 차례나 침략했어

거란의 군사들
거란 기마병들의 모습이에요.

동경도 다 옛 고구려 땅인데 어찌 고려가 차지했다고 할 수 있겠소. 압록강 연안에는 여진족이 있어 고려가 거란으로 가는 길을 막고 있소. 여진을 내쫓고 거기에 우리 성을 쌓고 도로를 만든다면, 어찌 거란과 관계를 맺지 않을 수 있겠소."라고 대답했지. 그러자 소손녕은 거란의 왕에게 서희의 말을 전하고, 결국 고려와 화해를 했단다.

당시 서희는 거란의 속셈을 훤히 꿰뚫고 있었어. 거란의 목적은 고려를 차지하려는 게 아니라, 송과 전쟁을 일으키기 전에 고려와 송의 관계를 끊으려는 것이었지. 서희의 담판으로 고려는 송과 관계를 끊었지만, 대신 압록강 동쪽의 여진족을 몰아내고 그곳에 6성을 쌓아 고려의 영토로 삼았어. 귀주, 통주, 곽주, 철주, 용주, 홍화진의 강동 6주가 바로 여기란다. 거란은 나중에야 이곳이 교통과 무역의 중심지이며, 또 천연의 요새로 상당히 중요한 지역이라는 사실을 깨닫고 고려에게 돌려 달라고 했지만 소용없었어.

이로써 고려는 압록강까지 영토를 넓혔어. 서희가 당시 한반도와 주변 국제 정세를 정확히 읽고 뛰어난 외교력을 발휘한 결과였지.

> **이번 정거장에서 더 알아보기**
>
> ### 강감찬의 귀주 대첩
> 1019년 거란의 3차 침입 때, 강감찬이 이끄는 고려군은 귀주에서 거란군을 크게 물리쳤어요. 이를 귀주 대첩이라고 해요. 고려군과 거란군이 귀주의 벌판에서 팽팽하게 대결하고 있을 때, 갑자기 거센 바람이 거란군 쪽으로 불자 고려군이 그 틈을 타 한꺼번에 화살을 퍼부어 큰 승리를 거두었다고 해요.

18 윤관이 여진을 몰아냈어요

**1107년에서 1125년까지
여진의 침략과 동북 9성의 완성**

　　**서희와 강감찬이 압록강 근처에서** 거란을 물리쳤다면, 고려 동북쪽 두만강 근처에서 여진을 몰아내 크게 이름을 떨친 윤관이라는 사람도 있단다. 윤관의 활약을 살펴보러 버스를 타고 떠나자!

　여진은 원래 고려를 '부모의 나라'로 여기며 말이나 모피, 화살 등 공물을 바쳐 왔어. 뿐만 아니라 여진의 시조가 고구려 사람이라는 이야기도 있지. 고려 역시 여진이 경제적으로 어려워 고려를 공격하는 일이 없도록 오래전부터 식량과 옷감, 농기구 등을 가져다주었어. 또 고려에 항

복해 오는 여진 사람에게는 벼슬이나 토지, 집 등을 주기도 했지.

하지만 이처럼 가까웠던 두 나라의 관계는 12세기에 들어서면서 충돌하게 돼. 완옌부라는 사람이 여진의 여러 부족을 통일하면서 여진은 두만강 유역과 함경도 일대를 중심으로 강한 힘을 가진 나라가 되었거든. 그러고는 기름진 땅을 더 차지하기 위해 고려의 천리 장성까지 내려왔지. 이런 일이 생기자 고려의 왕 숙종은 윤관에게 여진을 물리치라는 명령을 내렸어. 하지만 윤관이 나선 전쟁은 처음에는 실패로 끝나고 말았단다. 오랫동안 유목 생활을 해 말을 잘 타는 여진의 군사들을 당해 내기가 힘들었던 거야.

　윤관은 이 전쟁을 통해 고려도 말을 잘 타는 강한 군사들을 따로 길러야겠다는 생각이 들었어. 그러고는 특별 부대인 별무반을 만들었지. 별무반은 기병인 신기군, 보병인 신보군, 승려 부대인 항마군으로 이루어졌어. 윤관은 숙종의 뒤를 이은 예종 때 17만 명의 별무반을 이끌고 다시 여진을 물리치기 위해 나섰어. 그리고 함경도 지역에서 마침내 여진을 몰아내는 데 성공했지. 윤관은 두만강 쪽으로 더 올라가 함경도 일대 동북 지역에 9개의 성까지 설치했어. 이것이 바로 동북 9성이야.

　고려 조정에서는 동북 9성으로 고려 백성들을 보내 농사를 짓고 살게 했어. 조선 시대의 역사책 《고려사》를 보면 9성은 가장 북쪽에 있는 공험진을 비롯해 함주, 영주, 웅주, 길주, 복주, 통태진, 진양진, 숭령진에 있었다고 기록되어

윤관이 9성을 개척하고 이곳이 고려 땅임을 알리는 비석을 세우는 장면이야.

척경입비도
조선 시대 <북관대첩도>에 실린 윤관의 여진 정벌 그림이에요.

있지. 하지만 오늘날 그곳이 정확히 어디인지는 잘 몰라. 두만강 이북이나 함경도이거나, 함경남도 혹은 함흥평야 쪽이었을 거라고만 추측한단다.

하지만 고려는 동북 9성을 계속 가지고 있지는 못했어. 여진이 다시는 고려로 내려오지 않겠다고 약속하며 영토를 되돌려 달라고 애원했거든. 고려 입장에서도 여진의 반발과 저항을 계속 막기 힘들었기 때문에 동북 9성을 돌려주었지.

그 일이 있은 뒤로 여진은 더욱 힘을 키워 결국 금이라는 나라를 세우고 거란을 멸망시키기까지 했단다. 고려는 막강한 힘을 갖게 된 금과 더 이상 전쟁을 치르는 것이 어렵다고 판단하고는 금과 국교를 맺고 평화를 지키는 쪽을 선택했지. 하지만 이로써 당시 고려가 북쪽으로 나아가고자 했던 북진 정책은 중단되고 말았단다.

이번 정거장에서 더 알아보기

북방 민족의 침입을 막아 준 천리 장성

고려는 북쪽 국경선을 따라 돌을 쌓아 천리 장성을 완성했어요. 거란이나 여진 같은 북방 민족의 침입에 대비하기 위해서였지요. 고려의 천리 장성은 이때 완전히 새로 쌓은 것은 아니고 원래 있던 성과 성을 연결해 만든 것이라고 해요. 1033년부터 짓기 시작해 10년이 지나 완성된 천리 장성은 그 길이가 천 리에 가깝다고 해서 그렇게 이름 붙여졌답니다.

19 무신의 난이 일어났어요

1170년에서 1270년까지
무신의 난과 무신 정권

 **이번에는 나라 안으로 들어와 고려의 조정에** 도착했어. 무슨 일이 일어나고 있는지 들여다보자. 그 전에 먼저 설명을 들어 볼래?

고려 때 조정의 관리는 정치를 담당하는 문신과 군사를 담당하는 무신으로 나뉘어 있었단다. 그중 무신은 후삼국을 통일하는 전쟁에서 공을 세웠기 때문에 막강한 권력을 휘둘렀지. 그러다 고려의 4대 왕 광종 때 뒤로는 문신의 대우가 좋아지기 시작했어. 무신의 힘이 지나치게 커지는 것을 막기 위해 문신에게 힘을 실어 주었거든. 그러자 나중에

　는 문신의 힘이 너무 커져 군대의 최고 지휘관을 문신이 맡기도 했어. 앞에서 만났던 서희와 강감찬, 윤관 같은 장군들도 모두 문신이었단다.
　반대로 무신은 갈수록 홀대받았어. 나라에서 관리에게 주는 토지도 제대로 받지 못했고, 문신에게 재산을 빼앗기기도 했지. 그렇게 매일 온갖 푸대접과 궂은일에 시달리면서 무신들의 불만은 점점 커져 갔단다. 화가 날대로 난 무신들은 결국 반란을 일으켜 왕을 바꿔 버렸어. 그러고는 100년 동안이나 자신들이 권력을 휘둘렀단다. 당시 '무신의 난' 속으로 함께 떠나 볼까?

문신상과 무신상
아래쪽에는 무신상이 위쪽에는 문신상이 서 있어요.

각 상의 우 ㅂㅕ를 보면 당시 문신의 지위가 더 높았음을 알 수 있어

    고려 18대 왕 의종 때인 1170년이었어. 당시 의종은 사치를 즐기고 문신과 어울려 놀기를 좋아했지. 그러던 어느 날, 의종은 개경 근처 보현원의 남문 앞에서 놀이를 즐기고 있었어. 의종은 흥을 돋우기 위해 호위를 맡은 무신들에게 '오병수박희'라는 경기를 시켰단다. 오병수박희는 다섯 명씩 한 조가 되어 벌이는 무술 대결이야.

    그런데 경기를 하는 도중 예순 살에 가까운 대장군 이소응이 젊은 병사에게 밀려 넘어지자 젊은 문신 한뢰가 이소응의 뺨을 때리고 말았어. 문신이 무신을 얼마나 업신여겼는지를 보여 주는 일이었지. 앞서 인종 때에는 문신인 김부식의 아들 김돈중이 인종을 호위하던 무신 정중부의 수염을 촛불로 불태웠던 일도 있었어.

    무신들은 자신들을 업신여기는 문신들을 보고 더 이상 참을 수가 없

었어. 무신은 그동안 쌓였던 울분을 터뜨리며 들고 일어나 닥치는 대로 문신들을 잡아 죽였어. 고려의 왕이었던 의종은 귀양을 보냈지. 백성들과 일반 군인들은 당시 심한 세금을 거두던 문벌 귀족의 횡포에서 벗어나고 싶었던 탓에 무신들을 지지했어. 하지만 무신들은 권력을 잡자마자 이런 기대를 모두 저버렸단다.

그들은 문벌 귀족과 다름없이 나랏돈을 챙기고 백성의 재산을 빼앗느라 정신이 없었어. 권력에 대한 욕심도 심해서 이고가 이의방에게 죽고, 이의방이 정중부에게 죽고, 정중부는 경대승에게 죽는 등 엄청난 권력 다툼을 했단다. 그 뒤 경대승과 이의민을 이어 최충헌이 권력을 잡게 돼. 최충헌이 권력을 잡은 뒤에는 최충헌의 아들 최우, 최우의 아들 최항, 최항의 아들 최의가 잇따라 나라의 권력을 잡으면서 최씨 집안이 60년간 독재 정치를 하게 된단다.

이번 정거장에서 더 알아보기

묘청의 서경 천도 운동

서경 출신의 승려 묘청은 문신이었던 문벌 귀족의 횡포를 막기 위해 도읍을 개경에서 서경으로 옮겨야 한다고 주장했어요. 개경이 아닌 서경의 땅기운이 새롭게 일어나고 있다는 이유에서였지요. 또 고려를 중국처럼 황제의 나라로 부르고 여진의 나라 금을 물리치자고 했어요. 하지만 개경에 기반을 두고 권력을 휘두르던 문벌 귀족들은 도읍을 옮기는 것에 찬성할 리가 없었어요. 결국 이 계획이 취소되자 1135년 묘청은 서경에서 반란을 일으켰지요. 그러나 1년 뒤 묘청의 난은 실패로 끝나요.

묘청의 서경 천도 운동은 당시 정치를 지배하던 문벌 귀족에 반대하는 사람들이 많았다는 것을 알려주지요. 또 고려의 자주 의식과 북방 개척에 대한 소망도 보여 준답니다.

20 만적의 난이 일어났어요

**1176년에서 1198년까지
고려 농민과 천민들의 봉기**

무신들이 권력을 잡은 다음 전국 곳곳에서는 농민과 천민의 저항이 일어나기 시작했어. 무신들이 백성들에게 세금을 지나치게 많이 걷어 생활이 더욱 어려워졌기 때문이야. 또 땅을 강제로 빼앗거나 가난한 백성들에게 돈을 빌려 주고는 턱없이 높은 이자를 받기도 해 백성들의 원성은 더 커졌어.

이때 일어난 백성들의 항거로 대표적인 것이 천민인 노비들의 저항 운동이란다. 그런데 노비의 저항 운동은 단순히 먹고 살기 힘들어서 일어난 것만은 아니었어. 그보다는 천민이라는 신분에서 벗어나기 위

한 것이었지. 바로 노비의 신분 해방 운동이었던 거야. 그중 가장 대표적인 것이 1198년 개경에서 일어난 '만적의 난'이야. 만적은 당시 권력을 잡았던 무신인 최충헌의 개인 노비(사노비)였지. 그 사건 속으로 함께 떠나 볼까?

만석은 개경 송악산에서 수백 명의 노비들을 모아 놓고 말했어.

"무신의 난이 일어난 다음부터 천한 신분인 사람들도 높은 관직에 오르는 일이 많이 생겼다. 장군이나 재상이 되는 씨가 어디 따로 있는가. 때가 오면 누구나 할 수 있다. 우리가 어찌 주인의 매질을 견디며

고생만 하고 살아야 하는가. 모두가 주인을 죽이고 천민의 호적을 불살라 세상에 천민이 없도록 하면 우리도 높은 관직에 오를 수 있다."

당시 노비가 자기의 신분에서 벗어나는 것은 감히 생각할 수 없었지. 또 천민으로서 장군이나 재상이 되겠다는 것은 꿈도 꾸지 못할 일이었어. 그런데 만적은 어떻게 이런 생각을 하게 된 걸까?

당시 무신들은 최고의 권력자가 되려고 서로 죽고 죽이는 싸움을 오래 벌였어. 그러다 보니 자기가 개인적으로 데리고 있는 노비인 사노비까지 싸움터에 데려가게 되었지. 최충헌의 사노비인 만적 역시 싸움터에 나가 싸웠어.

만적은 이 싸움터에서 낮은 신분의 무신들이 싸움에서 이겨 하루아침에 높은 관직에 오르는 것을 보게 되었단다. 게다가 무신의 최고 권력자였던 경대승을 죽이고 그 뒤를 이어 최고 권력자가 된 이의민이 실은 절에서 일하던 노비의 아들로 천민이라는 사실을 알게 되었지. 만적은 이 일을 통해 큰 깨달음을 얻었어. 사람은 누구나 장군이나 재상이 될 수 있으며, 태어나면서부터 장군이나 재상으로 정해진 사람은 없다는 걸 말이야.

만적은 개경 송악산에 모인 노비들에게 며칠 뒤로 날짜를 정해 다시 모이자고 말했어. 그리고 그때는 각자 노비들을 더 많이 데려와 더욱 힘을 모으자고 했지. 하지만 정해진 날짜에 모인 노비는 겨우 수백 명에 지나지 않았어. 만적은 할 수 없이 반란을 일으킬 날짜를 연기하기로 하고, 이러한 계획이 밖으로 새어 나가지 않도록 신경을 썼단다.

그러나 이 약속을 어긴 사람이 있었어. 바로 한충유의 노비인 순정으로 이 일을 자기 주인에게 알리고 만 거야. 깜짝 놀란 한충유는 이 일을 당시 무신 최고 권력자였던 최충헌에게 곧바로 알렸단다. 이 사실을 알게 된 최충헌은 만적을 포함해 노비 100여 명을 잡아들이고 이들을 모두 예성강에 빠뜨려 죽여 버렸지.

만적의 난은 결국 이렇게 실패로 끝났어. 하지만 고려 천민들의 신분 해방 운동은 그 뒤로도 30년 넘게 전국 곳곳에서 이어졌고, 이러한 일들은 점차 고려 사회의 신분 질서를 무너뜨리게 된단다.

이번 정거장에서 더 알아보기

망이·망소이의 난

만적의 난이 일어나기 20여 년 전인 1176년이었어요. 공주 명학소에서도 가혹한 세금에 힘들어하던 천민들이 난을 일으켰지요. '소'는 천민들이 사는 특별 행정 구역으로 이곳의 천민들은 농민들보다 더 어려운 생활을 했어요.

공주 명학소의 망이·망소이 형제는 무리들을 이끌고 난을 일으켜 공주를 함락시키고 충주까지 점령했어요. 그리고 그 기세를 이어 도읍인 개경까지 쳐들어가려고 하자 나라에서는 명학소를 일반 행정 구역인 '현'으로 바꿔 주겠다고 약속했지요. 그러나 이 약속을 믿고 무리들이 해산하자마자 나라에서는 난을 일으킨 사람과 그 가족을 잡아들였어요. 망이·망소이 무리는 이에 다시 난을 일으켰지만 결국은 실패하고 말지요.

21 몽골군이 고려를 침입했어요

1231년에서 1273년까지
몽골과의 전쟁과
삼별초의 항쟁

이번 정거장은 13세기 중반 무렵이야. 북아시아 초원에서 유목 생활을 하던 몽골 족은 점점 세력이 커지기 시작하더니 이내 세계를 휘두르고 다니게 돼. 그리고 역사상 가장 큰 몽골 제국을 세우지.

그럼 당시 대제국 몽골과 고려의 관계는 어떠했을까? 몽골이 여진이 세운 나라 금을 공격하자, 금의 지배를 받던 거란이 몽골군에게 밀려 고려로 쳐들어왔어. 이때 고려는 몽골군과 손잡고 서경 동쪽의 강동성에서 거란을 물리쳤지. 그러자 몽골은 자기들이 고려의 은인이라며 공

물을 바치라고 했어. 당시 최씨 무신 정권은 이런 몽골의 요구를 못마땅하게 여겼단다. 그러던 중 1225년 몽골의 사신 저고여가 고려에서 몽골로 돌아가던 길에 압록강 근처에서 죽임을 당하는 사건이 있었어. 몽골은 그것을 핑계로 1231년 고려로 쳐들어왔지. 그 뒤 몽골은 7차례나 고려를 침입했어.

 몽골군은 고려의 전 국토를 휩쓸고 다니며 마을에 불을 지르고 사람들을 닥치는 대로 죽였어. 여자와 어린이를 비롯해 수많은 고려 사람들을 잡아가기도 했지. 오랜 전쟁으로 고려의 땅은 농사를 지을 수 없

강화 고려 궁터
고려가 몽골을 피해 강화도로 도읍을 옮겼을 때 세운 궁궐의 터가 남아 있어요.

을 정도로 망가졌고, 경주에 있는 황룡사 9층 목탑과 대구 부인사에 보관되어 있던 대장경 등 문화재도 불타고 말아.

　이때 최씨 무신 정권은 백성들에게 산성이나 섬에 들어가 몽골군과 싸우라고 했단다. 하지만 정작 나라의 지배층들은 도읍 개경을 떠나 모두 강화도로 도망쳤어. 백성들이 몽골군의 공격으로 고통을 당하고 있는데도 이를 외면한 채 새로운 도읍 강화도에서 사치스런 생활을 했던 거야. 그런데 왜 하필 강화도로 간 걸까? 몽골은 초원에 자리 잡고 있기 때문에 바다에서 싸우는 것에는 익숙하지 않았어. 그래서 지배층들은 강화도면 안전할 거라고 생각했단다. 또 강화도는 남쪽 지방의 세금을 배로 실어 오기도 편했지.

　그러는 동안 각 마을에서는 농민과 천민들이 몽골군에 대항해 용감하게 싸웠단다. 충주에서는 겁먹은 지방 관리들은 모두 떠났지만 관청의 노비들이 끝까지 남아 몽골군과 싸워 성을 지켜 냈어. 또 용인의 처인성에서는 승려 출신 김윤후가 백성들과 힘을 합쳐 몽골군을 물리쳤어.

전쟁이 금방 끝나지 않자 강화도에서는 몽골과 화해하자는 주장이 나왔단다. 반대로 최고 권력자 최우는 몽골과 계속 싸우자고 했지. 그러자 전쟁을 끝내자고 주장하던 사람들이 곧 최우를 죽여 버리고 말아. 이로써 고려의 최씨 정권은 끝이 나고 만단다. 그 뒤 고려는 전쟁을 멈추고 몽골과 화해하려 했어. 몽골은 화해를 받아들이는 대신 고려의 도읍을 개경으로 다시 옮기라고 했지. 무신들은 이러한 요구를 반대했지만, 결국 고려는 몽골의 요구대로 개경으로 도읍을 옮겼어.

전쟁이 끝난 다음 나라 이름을 원으로 바꾼 몽골은 고려를 자기 마음대로 지배하려 했단다. 이렇게 해서 고려는 80년 넘게 원의 간섭을 받게 돼.

이번 정거장에서 더 알아보기

삼별초의 항쟁

삼별초는 무신 정권의 군대였어요. 삼별초는 좌별초와 우별초, 또 몽골의 포로가 됐다가 탈출한 군사들로 만든 신의군으로 이루어져 있었어요. 이들은 고려가 몽골과 강화를 맺고 개경으로 도읍을 다시 옮긴 것에 반대해 1270년 전라남도 진도에서 고려 정부군과 몽골군의 연합군에 맞서 싸웠어요. 진도가 함락되자 삼별초는 제주도로 옮겨 가 1273년까지 항쟁을 이어 갔어요. 제주도에는 삼별초가 마지막까지 싸운 항파두리 항몽 유적지가 남아 있답니다.

22 신진 사대부가 쿠데타를 일으켰어요

1352년에서 1392년까지
공민왕의 개혁 정치와 위화도 회군

고려는 원의 간섭을 오랫동안 받았단다. 그러다 보니 나라의 권력을 모두 원과 친하게 지내던 친원파 관리들이 차지하게 되었어. 그러다 고려 후기가 되면서 이에 맞선 새로운 세력이 나타났는데, 바로 신진 사대부야. 신진 사대부들은 거의 지방 출신의 성리학자로 과거 시험에 합격해 중앙 관리가 된 사람들이었지. 대표적으로 정도전과 조준, 정몽주 등이 있단다.

이때에는 중국에서도 변화가 생기고 있었어. 원이 멸망하고 명이라는 나라가 새로이 나타난 거야. 그러자 친원파와 신진 사대부들은 새

로운 나라인 명과 어떻게 관계 맺느냐를 두고 고민을 했어. 먼저 친원파는 원을 멸망시킨 명을 적으로 생각했단다. 이와 반대로 신진 사대부는 새롭게 일어나는 명과 좋은 관계를 유지하려고 했지.

그러던 어느 날이었어. 명은 공민왕 때 고려가 원에게서 되찾은 철령 이북의 땅을 되돌려 달라고 했어. 그러자 친원파들은 몹시 화를 내며 명과 고려를 오가는 중요한 길인 요동 지역을 공격해 빼앗기로 마음먹었어. 고려의 우왕은 최영과 이성계, 조민수에게 명과 전쟁을 일으켜 요동을 정벌하도록 명령했단다. 당시 최영과 이성계는 고려를 쳐들어온 홍

109

건적과 왜구를 물리쳐 새로 지위가 높아진 무인들이었단다.

드디어 1388년, 이성계와 조민수가 이끄는 고려군 5만 명이 요동으로 가는 길목인 압록강의 위화도에 도착했어. 우리도 버스를 타고 따라가 볼까? 그런데 이성계는 군사를 이끌고 이곳까지 오기는 했지만 요동을 정벌하기가 영 내키지 않았단다. 이성계는 이미 정도전과 조준 등 신진 사대부와 손잡고 고려 사회의 모순을 바로 잡겠다는 생각을 가지고 있었어. 그런데 명과 전쟁을 치르게 되면 그 계획을 실현하기가 어려워질 수 있었지.

결국 이성계는 요동을 공격해서는 안 된다며 그 이유를 우왕에게 알렸어. 우선 작은 나라가 큰 나라에 거역하는 것이 옳지 않으며, 여름철에 전쟁을 하는 것이 힘들다는 것, 요동에서 전쟁을 일으키면 그 틈을

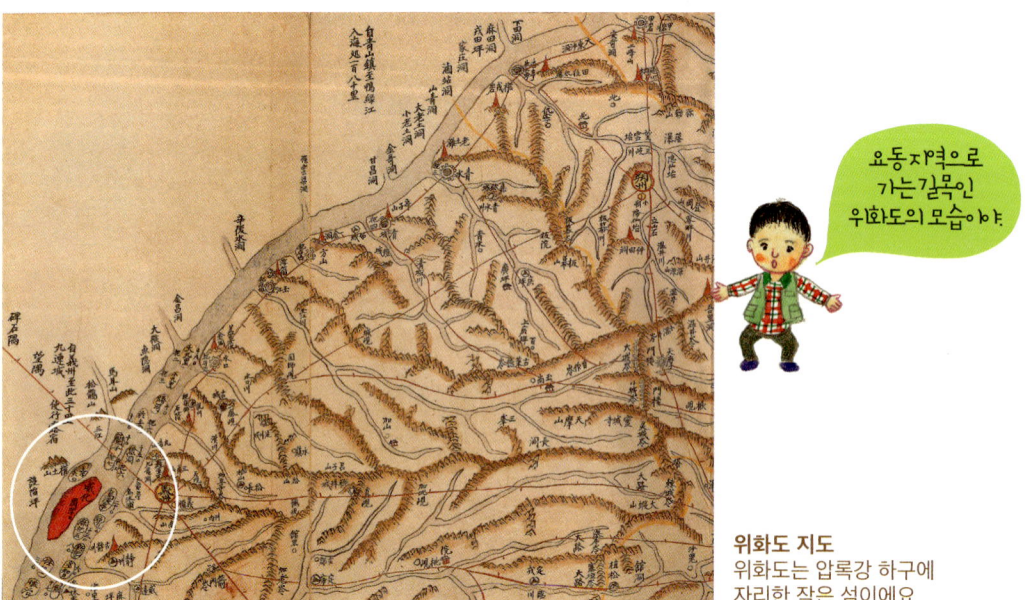

위화도 지도
위화도는 압록강 하구에 자리한 작은 섬이에요.

노려 왜구가 쳐들어올 수 있고, 장마철이어서 활의 아교가 녹아 무기로 쓸 수 없다는 것, 군사들이 전염병에 걸릴 수 있다는 이유였어. 하지만 우왕과 최영은 이성계의 말을 듣지 않았단다.

결국 이성계는 위화도에서 발걸음을 돌려 개경으로 되돌아왔어. 그러고는 우왕과 최영을 비롯한 친원파를 죽이고, 우왕의 아들 창왕을 새로운 왕으로 내세웠단다. 이 일을 '위화도 회군'이라고 해.

하지만 당시 창왕은 9살 밖에 되지 않았기 때문에 실제 권력은 이성계가 가지게 되었지. 나중에 더욱 힘을 얻은 이성계는 정도전, 조준 등 신진 사대부와 함께 당시 고려 백성들의 가장 큰 고통이었던 토지 제도를 바로 잡고, 백성들의 편에 서서 개혁 정치를 펼쳤단다.

그리고 마침내 1392년에 무인들과 개혁에 적극 참여한 신진 사대부들과 함께 고려 왕조를 무너뜨리고 조선을 건국하게 돼.

이번 정거장에서 더 알아보기

공민왕의 개혁 정책

고려 31대 왕인 공민왕은 원의 간섭에서 벗어나고 싶어 했어요. 이를 위해 개혁 정치를 펼쳤지요. 우선 원이 고려의 군대를 마음대로 이용하기 위해 만든 정동행성을 없애고 친원파 관리들을 쫓아냈어요. 원이 쌍성총관부를 두고 다스리던 철령 이북의 땅도 되찾았지요.

또한 사회 전반의 개혁을 이루기 위해 신돈이라는 승려를 뽑았어요. 신돈은 전민변정도감이라는 관청을 맡아 관리가 백성에게 강제로 빼앗은 땅을 원래 주인에게 되돌려 주었어요. 또 불법으로 운영되는 농장을 없애고 농장의 노비들을 해방시키기도 했지요.

이 개혁은 백성들에게 환영받았으나 당시 조정은 강한 개혁을 계속 추진해 나갈 힘이 부족했답니다. 또 홍건적과 왜구까지 자주 쳐들어와 결국 개혁은 실패로 끝났어요.

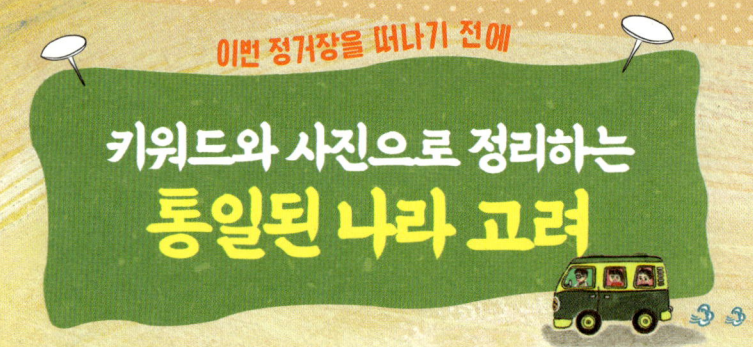

이번 정거장을 떠나기 전에
키워드와 사진으로 정리하는 통일된 나라 고려

★ 나라를 구하고자 만든 팔만대장경

고려 역시 불교를 국교로 삼고, 불교를 통해 백성의 마음을 모으려 했어요. 특히 고려 불교는 호국 불교의 성격을 띤답니다. 다시 말해 다른 나라의 침략을 받았을 때 불교의 힘으로 위기를 극복하고 나라를 지키려 한 거예요.

11세기 초 거란이 고려를 쳐들어왔을 때 전남 나주로 몸을 숨긴 현종과 신하들은 나라를 지키겠다는 각오로 대장경의 판본을 새겼어요. 이때 새긴 대장경을 초조대장경이라고 불러요. 대장경은 부처님의 가르침을 담은 불경을 한데 모아 정리한 것이지요. 그 뒤 몽골의 침입으로 황룡사 9층 목탑과 초조대장경이 불타 버리자 이번에는 몽골로부터 나라를 구하겠다는 염원으로 팔만대장경을 만들었어요.

팔만대장경은 모두 8만 1,258개의 목판 양면에 불경을 새겨 넣은 것으로 그 규모부터 대단해요. 팔만대장경이 보관된 해인사 장경판전은 1995년 유네스코가 정한 세계 문화유산으로도 지정되었지요.

팔만대장경 목판본
고려 때 새긴 팔만대장경은 모든 판목의 글자체가 똑같고 모양이 아름다워 더욱 가치를 인정받고 있어요.

★ 세계 최초의 금속 활자

고려는 세계 최초로 금속 활자를 만들어 사용했어요. 독일의 구텐베르크가 금속 활자를 만들기 70여 년 전, 이미 고려에서는 납이나 구리 등의 금속으로 활자를 만들어 인쇄하는 방법을 사용했지요.
고려의 《직지심체요절》은 금속 활자로 인쇄된 책 가운데 현존하는 가장 오래된 책이에요. 이 책은 1377년 청주 흥덕사에서 만든 것으로, 백운화상 이라는 스님이 원에서 가져온 불경의 내용을 정리한 것이지요. 하지만 기록상으로 보면 이보다 훨씬 이전인 1234년에 이미 《상정고금예문》이라는 금속 활자본이 있었답니다. 《상정고금예문》은 옛날부터 고려 때까지 쓰이던 예문을 모아 편찬한 50권의 책으로, 고려 고종 때 활자로 찍었다고 알려져요. 하지만 지금은 안타깝게도 남아 있지 않답니다.
고려에서 금속 활자 인쇄술이 발명되었다는 것은 당시 이미 목판 인쇄술과 청동 주조 기술이 발달되어 있었고, 인쇄를 하기 위한 먹과 종이를 만들고 있었다는 사실을 알려 준답니다.

고려 시대 실물 금속 활자
이렇게 생긴 금속 활자를 모아 책을 인쇄해 냈어요.

★ 불교를 통합하고자 한 의천과 지눌

고려 시대에 들어와 불교는 크게 교종과 선종의 두 종파로 나누어져 대립했어요. 교종은 불교 경전을 공부해 진리를 깨우치는 것을 중요하게 여긴 반면 선종은 불경을 몰라도 스스로 열심히 수행해 깨달음을 얻으면 된다고 주장했지요. 승려인 의천과 지눌은 각각 이 두 종파를 대표하는 사람이에요.
하지만 이들은 서로 대립하던 두 종파를 하나로 통합하고자 했어요. 먼저 대각 국사 의천은 '천태종'을 만들어 불교 통합 운동을 벌였어요. 이것은 교종을 중심으로 선종을 통합하는 것으로 왕을 중심으로 한 귀족적인 불교를 만들려고 한 것이었답니다. 천태종은 왕실과 귀족의 지지를 받았지요.
반면 고려 후기 보조 국사 지눌은 선종을 중심으로 교종을 통합하는 '조계종'을 만들었어요. 또한 지눌은 귀족 불교가 타락하는 것을 비판하며 불교를 개혁하자고 주장했어요. 천태종과 다르게 조계종은 무신들의 지지를 받았지요.
이때 시작된 천태종과 조계종의 두 종파는 오늘날까지 이어져 오고 있답니다.

★ 고려를 발전시킨 화약과 목화씨

고려 말에는 두 가지의 획기적인 기술이 등장했어요. 그중 하나는 학자인 문익점이 원에 갔다가 목화씨를 몰래 가져와 고려에 퍼뜨린 데에서 시작되었어요. 문익점은 원에서 가져온 목화씨를 장인 정천익과 함께 심어 재배하는 데 성공했지요. 이로써 고려 백성들의 의생활에 큰 변화가 생겨나요. 목화에서 실을 뽑아 만드는 무명옷은 당시 입던 삼베옷보다 보온성이 뛰어나 추운 겨울에도 백성들이 따뜻하게 지낼 수 있었답니다.

또 최무선은 화약과 화약 무기를 개발했어요. 그는 당시 왜구들이 고려로 건너와 노

목화
목화에서 얻은 섬유로 만드는 무명은 삼베보다 보온성이 좋아 고려 의생활에 큰 변화를 가져왔어요.

현자총통
고려 때부터 발달한 화약 기술로 조선 때에는 천자총통, 지자총통, 현자총통 등 여러 종류의 화기가 만들어졌어요.

략질하는 것을 막기 위해 새로운 무기인 화약을 만들기로 결심했어요. 그러고는 중국에서 기술을 배워 와 연구를 계속했지요. 마침내 화약을 만드는 데 성공한 최무선은 화통도감을 설치하고 화약과 화약 무기를 본격적으로 만들기 시작했어요. 그 뒤로 최무선은 화약 무기들을 사용해 왜구를 여러 번 물리쳤답니다.

★ 아름다운 푸른빛의 고려청자

고려 시대 때 만들어진 푸른빛이 나는 자기를 통틀어 고려청자라고 불러요. 고려청자 중에서도 상감 청자는 12세기 중엽 상감 기법으로 만든 독특한 모습으로 가장 유명하지요. 상감 기법은 도자기 표면에 여러 가지 무늬를 새기고 거기에 금, 은, 보석, 자개 등을 박아 넣는 공예 기법을 말해요.

고려청자는 신비한 그 색깔로도 유명해요. 우리나라에서는 일찍이 신라와 발해 때부터 전통 자기를 만들어 오다가 고려 때 송의 기술을 받아들이게 되는데, 나중에는 비취색 고려청자의 아름다움이 중국의 것을 앞질렀어요.

청자의 이처럼 아름다운 푸른빛은 흙으로 빚은 도자기를 가마 안에서 구울 때 결정돼요. 공기가 부족한 가마 안에서 도자기를 만든 흙과 그 위에 바른 유약의 철 성분이 합쳐지면서 만들어지거든요.

당시 고려청자는 붓꽂이, 향로, 주전자 등 귀족들의 생활 용품으로 주로 사용되었답니다.

청자은구대접 청자 연꽃넝쿨 무늬 매병

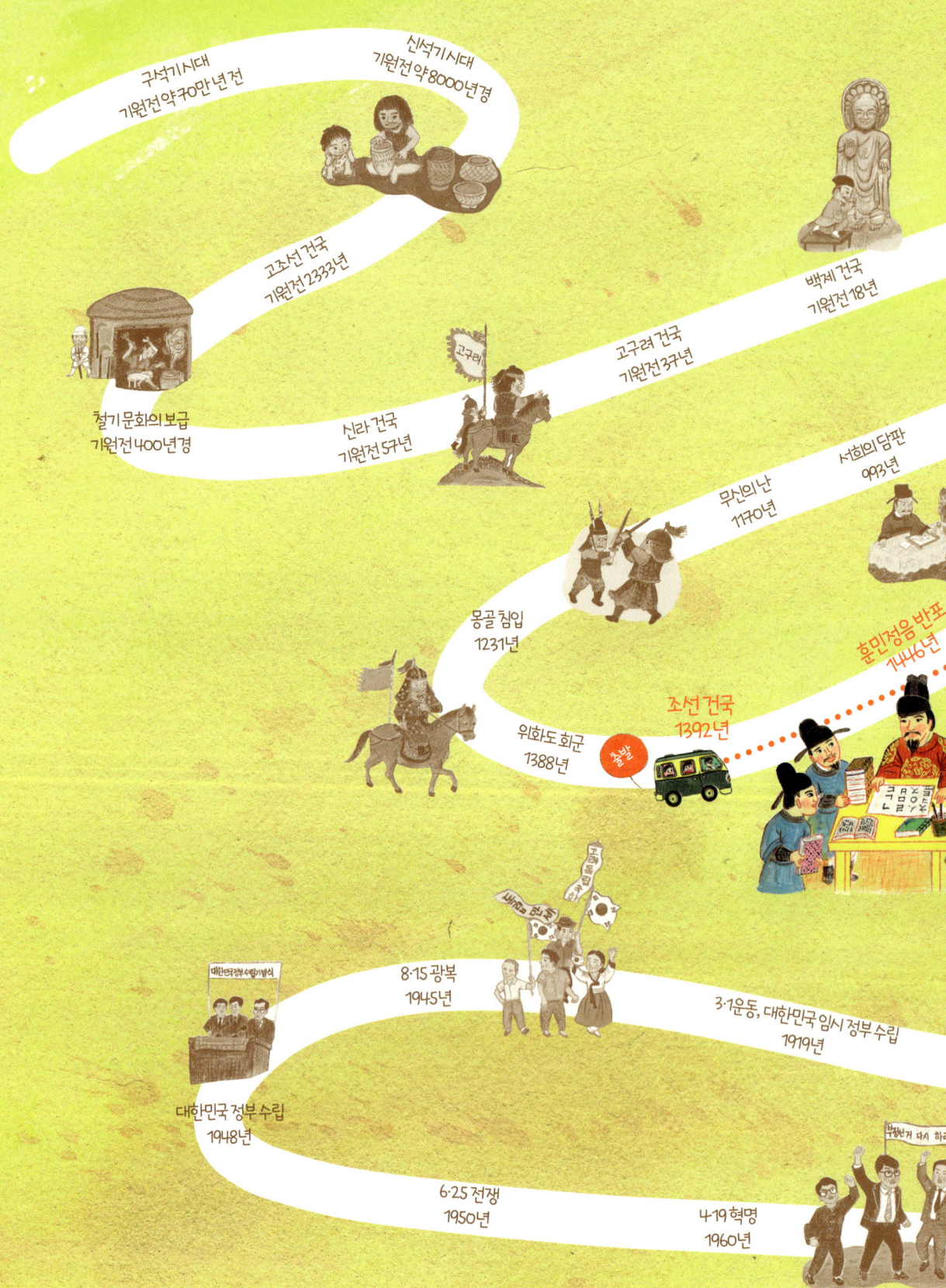

23 이성계가 조선을 세웠어요

1392년에서 1394년까지
이성계의 조선 건국과 한양 천도

이번 정거장은 조선이야. 이성계는 고려 왕조를 무너뜨리고 새 나라 '조선'을 세웠어. 나라 이름을 조선이라고 한 이유는 무엇일까? 바로 고조선의 문화와 전통을 계승한 나라라는 점을 분명히 하려 했던 거야. 또 우리 역사와 문화에 자긍심을 갖고 계속 이어 나가려는 의지이기도 했지.

고려 시대에는 왕씨가 늘 왕의 자리에 올랐단다. 하지만 조선으로 들어오면서 왕의 자리는 이성계와 그 후손인 이씨가 이어 갔어. 원래 새 나라는 전쟁을 하거나 서로 나누어져 있던 나라가 하나로 합해지면서

세워지는 경우가 많아. 그러나 조선은 이와는 다르게 국왕이 왕씨에서 이씨로 바뀌었을 뿐이었단다. 하지만 그 뒤로 조선은 고려에 비해 많은 변화와 발전을 이루어 나갔어.

무엇보다 조선은 유교의 이상적인 정치를 펼치려 했단다. '유교'는 옛날 중국의 유명한 사상가인 공자의 가르침에서 온 사상이야. 유교는 '어질다'라는 뜻인 '인'의 정신을 바탕으로 나라에 충성하고 부모에게 효도하라고 가르치지.

유교의 영향을 받은 조선의 정치는 임금이 '덕치'와 '민본'을 중심으

119

로 왕도 정치를 펴는 것을 이상적으로 여겼어. '덕치'란 엄격한 법으로만 백성을 다스리지 않고 어진 덕으로 백성을 이끈다는 뜻이야. '민본'은 백성이 나라의 근본으로, 백성을 기쁘고 편안하게 하는 정치를 최고로 친다는 뜻이지.

그럼 조선의 정치가 어떻게 이루어졌는지 간단히 살펴볼까? 조선에서는 주로 과거 시험에 합격한 사람을 관리로 뽑아 썼어. 또 양반이 정치의 중심이 되었어. 양반이란 문반(문신)과 무반(무신)을 함께 일컫는 말이지. 이들은 왕이 나라를 잘 다스릴 수 있도록 옆에서 돕기도 하고, 때로는 쓴소리도 했단다.

조선 시대에 나라를 다스리던 가장 높은 기관은 의정부였어. 의정부에는 영의정, 좌의정, 우의정의 세 정승이 있어 서로 의견을 나누며 나

위쪽의 산이 남산 아래쪽에는 도봉산과 삼각산이 표현되어 있어

도성도
한양의 모습을 회화식 지도로 표현한 것이에요.

라의 중요한 일을 결정했지. 의정부 아래에는 이조, 호조, 예조, 병조, 형조, 공조의 6조가 있어 나라의 실제 행정을 맡았어. 특히 조선은 정치가 안정되도록 왕에게 모든 권력이 집중되는 중앙 집권 체제를 고려 때보다 더 강화했단다. 하지만 왕이 왕도 정치를 벗어나 마음대로 권력을 휘두르지 않도록 비판하는 기관인 사헌부, 사간원, 홍문관의 삼사를 두어 왕에게 조언을 하도록 했어.

또 전국을 8도로 나누고 그 아래로는 군과 현을 두었지. 군과 현을 다스리는 사람은 수령이라고 했단다.

이처럼 조선은 나라가 처음 세워지고 100년 동안 나라의 기초를 다지고 정치와 사회를 안정시키는 데 힘을 쏟았어. 또한 이 과정에서 보다 수준 높은 민족 문화를 만들어 낼 수 있었지. 우리 역사에서 조선이라는 나라는 정치와 문화 등 여러 가지 면에서 아주 중요한 의미를 가지고 있단다.

이번 정거장에서 더 알아보기

조선의 도읍, 한양

고려 시대에는 개경(개성), 서경(평양), 남경(서울)의 3경이 중요한 도시였어요. 이 중 남경이 바로 조선의 한양이에요. 한양은 오늘날의 서울로 이어졌지요.

하지만 원래 이성계는 고려의 도읍이었던 개경을 그대로 조선의 도읍으로 삼으려 했어요. 그러다 1394년 도읍을 한양으로 옮겼어요. 한양은 한반도 중앙에 있어 전국 곳곳을 다스리기 쉬웠고, 한강이 흘러 수로 교통이 편리했어요. 또 한양 주변에는 높은 산이 많아 외적이 침입했을 때 방어하기에도 좋았답니다.

한양으로 도읍을 옮긴 이듬해인 1395년에는 새 궁궐도 완성되었는데, 이것이 경복궁이랍니다.

24 조선의 문화가 꽃을 피워요

**1418년부터 1450년까지
세종의 문화 정치**

      태조 이성계가 조선을 건국하고 유교적 정치 이념을 세웠다면, 3대 왕인 태종 이방원은 왕의 권력을 더욱 강화해 나라의 기반을 튼튼히 다졌단다. 그렇게 왕권이 안정되자 백성들을 더욱 효율적으로 다스릴 수 있었지. 또 그 뒤를 이어 왕이 된 세종은 백성이 편안하게 살 수 있도록 나라를 다스리는 일에 전념했어.

      그런 세종은 지금까지도 가장 현명한 왕으로 꼽힌단다. 그럼 우리도 세종을 만나러 버스를 타고 떠나 볼까? 세종은 무엇보다 백성이 나라의 근본이라는 민본 사상을 중요하게 여기고, 백성을 위한 여러 정책

을 실천해 나가는 데 힘을 기울였어. 그래서 세종 때는 정치와 경제, 사회가 두루 안정되고 민족의 정통 문화와 유교 정치까지 꽃을 피울 수 있었지.

세종은 학문 연구소인 집현전을 세워 재주가 많은 젊은 인재들을 모아 학문을 연구하도록 했단다. 나라에서 훌륭한 인재를 키워야 백성에게 도움이 되는 정책을 만들 수 있다고 생각한 것이지. 또 집현전 학자들과 함께 유교의 가르침을 적은 책을 읽고 직접 토론하는 등 스스로 학문을 갈고닦는 데에도 노력했어. 그중에서도 가장 큰 업적은 백성들이 말과 글을 쉽게 사용할 수 있도록 훈민정음(한글)을 창제한 거야.

그런데 세종은 어떻게 훈민정음을 만들어 낼 생각을 했을까? 당시만 하더라도 사람들은 나랏일이나 관청 업무, 일상생활 등에서 주로 한자를 사용했어. 그러나 한자를 읽고 쓸 줄 아는 사람들은 양반들뿐이었지. 일반 백성들은 어렵고 배우는 데도 시간이 많이 드는 한자를 도무지 익힐 수가 없었어. 세종은 글을 몰라 불편해하고 때로 억울한 일을 당하기도 했던 백성들을 안쓰럽게 여겼단다. 그리하여 조선의 백성이라면 누구나 쉽게 배우고 사용할 수 있는 문자를 만들기로 결심했어. 그리고 1446년 28자로 된 훈민정음을 만들어 발표했지. 한글이 만들어지고 나서야 비로소 백성들은 자신의 생각을 글로 표현할 수 있었어.

앙부일구

자격루

측우기

또한 여성들도 큰 불편 없이 책을 읽고 쓸 수 있게 되었단다. 죄를 지은 백성도 한글로 된 재판 기록이나 판결문을 읽을 수 있게 되어 억울한 처벌을 피할 수 있었지.

하지만 일부 신하와 학자, 양반들은 한글을 못마땅하게 여겼어. 왜냐고? 한자는 조선이 섬기는 큰 나라 중국의 문자인데, 다른 글자를 만들어 사용하는 것은 큰 나라에 대한 예의가 아니라는 것이었지. 또 한자를 알아서 얻을 수 있는 자신들의 특권을 백성들과 나누고 싶지 않았던 거야. 하지만 세종은 이러한 모든 반대를 물리치고 한글을 창제해 발표했어.

세종은 과학과 농업 기술을 발달시키는 데에도 힘썼어. 먼저 농사가

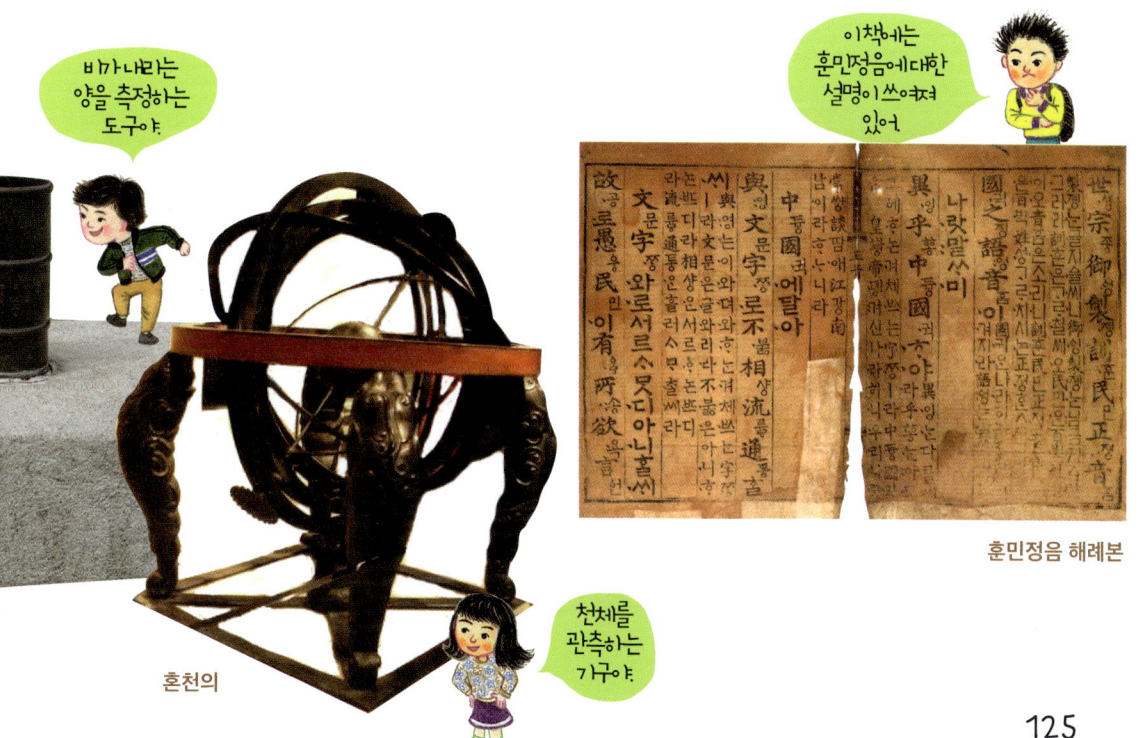

훈민정음 해례본

혼천의

잘 되는 지역의 농사법을 일일이 모아 《농사직설》이라는 책을 엮어 내 새로운 농사법과 농기구를 널리 알렸단다. 또한 백성들이 농사를 짓는 데 필요한 날씨와 천문 관련 정보를 정확하게 알기 위해 과학자 장영실을 발탁해 각종 기구를 만들었어. 이때 만든 측우기는 전국 각 지역에 내린 비의 양을 재는 기구로 세계 최초로 발명한 것이었단다. 장마 때 내린 비의 양을 알 수 있도록 청계천에 눈금을 새긴 다리도 만들었는데 그것이 바로 수표교야.

장영실이 만든 기구는 이 밖에도 다양했어. 해의 그림자로 시간을 재는 해시계 앙부일구, 자동으로 시간을 알려 주는 물시계 자격루, 바람의 방향과 세기를 측정하는 풍기대, 1년의 길이와 24절기를 알 수 있게 한 규표, 낮과 밤의 시간 길이를 재는 일성정시의, 하늘에 있는 별들의 움직임과 모양을 나타낸 혼상, 하늘의 모양을 본떠 만든 천문 시계 혼천의, 혼천의를 좀 더 발전시킨 간의 등이지. 정말 많지?

조선의 국방에 대해서도 알아볼까? 지금처럼 우리나라와 중국 사이의 국경이 압록강과 두만강으로 정해진 것이 바로 세종 때였어. 압록강과 두만강까지 영토가 넓어진 것은 고구려 다음으로 처음이었단다. 조선이 세워질 때만 해도 이곳에는 여진족이 살고 있었어. 여진족은 가끔씩 조선으로 쳐들어오기도 했는데, 시간이 흐르자 여진족의 만행이 더욱 심해졌어. 조선의 관리를 죽이는 일까지 생겨날 정도였지.

그러자 세종은 김종서 등을 보내 여진족을 강 너머로 몰아냈어. 그리고 압록강과 두만강 연안에 각각 4군과 6진을 설치해 조선군이 머물도록 했단다. 4군은 평안도 지역의 여연, 자성, 무창, 우예군을 말하고, 6진은 함경도 지역의 종성, 온성, 회령, 경원, 경흥, 부령진을 말해. 세종은 새로 개척한 이 지역에 백성들을 이주시켜 농사를 지으며 살게 했단다.

이처럼 세종은 민족 문화와 자부심을 널리 떨치고 백성의 실제 생활에 도움이 되는 많은 일들을 해 나갔어. 그래서 당시 조선 백성들은 그 어느 때보다 태평성대를 누릴 수 있었지. 세종이 오늘날까지 어질고 덕이 뛰어났던 최고의 임금으로 평가받는 이유가 바로 여기에 있어.

이번 정거장에서 더 알아보기

한글이 만들어진 이야기

세종은 한글을 만드는 데 6년 남짓한 시간을 보냈어요. 당시 한자를 사용하던 관리와 양반들이 반대할 것을 예측하고는 혼자 몰래 만들다시피 해 갑자기 발표했지요. 《세종실록》에서는 '임금이 친히 언문(훈민정음) 28자를 지었다.'라고 기록하고 있어요.

세종은 당시 아시아 여러 민족의 문자를 두루 연구해 과학적이고 독창적인 문자를 만들고자 했어요. 훈민정음은 초성과 중성, 종성의 조합으로 소리와 의미를 표현하는 유일한 언어랍니다. 당시에는 상상하지 못했던 새롭고 체계적인 방식이었지요. 기본 자음인 ㄱ, ㄴ, ㅅ, ㅁ, ㅇ은 발음 기관인 목구멍의 모양을 본떠 만들었어요. 중성의 세 가지 기본 글자인 ·, ㅡ, ㅣ는 각각 하늘과 땅, 사람의 모양을 본뜬 것이랍니다. 세종은 이를 토대로 음양오행의 원리를 이용해 28자를 완성했어요.

한글의 우수성은 오늘날 세계적으로도 인정받아 1997년 유네스코 세계 기록 유산으로도 정해졌답니다.

25 훈구파와 사림파가 서로 대결했어요

1498년부터 1545년까지 네 차례의 사화

　　　　이번에는 15세기 말 조선의 중앙 정치 무대로 버스를 타고 떠나 볼까? 당시 정치에서 큰 권력을 갖고 있던 사람들을 '훈구파'라고 했어. 훈구파는 세조가 왕이 되도록 도와준 관리들이었지. 세조는 훈구파 덕분에 왕이 되었기 때문에 훈구파에게 많은 땅과 재물을 주며 특별히 아꼈어. 하지만 그런 특권을 이용해 훈구파는 온갖 부정부패를 저지르기도 했단다.

　그러자 다음으로 왕이 된 성종은 훈구파를 억누르기 위해 '사림파'를 새롭게 관리로 뽑아 쓰기 시작했어. 사림파는 훈구파와는 다르게 고려

말 조선을 세우는데 반대하며 지방으로 내려가 학문과 교육에 힘쓰던 유학자들이었지. 특히 사림파는 임금과 관리들의 잘못을 비판하고 올바른 길로 가도록 충고하는 역할을 하는 사간원, 사헌부, 홍문관에서 주로 일했어. 그러나 훈구파는 사사건건 비판만 하는 사림파가 미웠어. 그래서 '사화'를 일으키지. 이 말은 '사림의 화'라는 뜻으로 사림파의 관리와 선비들이 참혹하게 희생을 치른 일을 말해.

첫 번째 사화는 연산군 때인 1498년에 일어났어. 사림파를 대표하던 관리인 김종직의 제자 김일손이 쓴 사초(역사를 기록하는 기초 자료)

129

연산군의 묘

가 문제가 되었지. 여기에 세조를 비판하는 뜻이 담겨 있었거든. 당시 왕이었던 연산군은 이에 화가 나서 사림파 수십 명을 사형시키거나 귀양을 보냈어.

그리고 곧 두 번째 사화가 일어났어. 연산군이 자기를 낳은 진짜 어머니가 왕비의 자리에서 쫓겨나 사약을 받고 죽었다는 것을 알고는 그 일에 관련된 신하들을 모두 죽인 거야. 이때에는 훈구파도 희생되었지만 사림파의 희생자 수가 훨씬 더 많았단다.

사림파는 두 차례나 사화를 겪었지만, 중종 때 왕도 정치와 정치 개혁을 주장한 관리인 조광조가 힘을 얻으며 다시 일어났어. 그러나 사림파가 왕의 신임을 받자 훈구파는 다시 사림파를 공격한단다. 훈구파는 꾀를 냈어. 나뭇잎에 조광조가 반역을 일으켜 왕이 되려 한다는 뜻의 글을 쓰고는 그 위에 꿀을 발라 벌레가 파먹게 한 거야. 훈구파는 그걸 중종이 보도록 해 결국 사림파 수십 명을 사형시키게 했단다.

마지막 사화는 명종 때인 1545년에 일어났어. 이번에는 외척(어머니 쪽의 친척)끼리 권력 다툼을 벌이는 중에 사림파가 많은 피해를 입었어. 당시 나이가 어렸던 명종 대신 명종의 어머니 문정왕후가 권력을 잡고는 전 임금인 인종의 외척과 가까운 사람들을 모두 몰아낸 사건이란다.

이처럼 사림파는 4번의 혹독한 사화를 겪었지만, 지방에서 꾸준히 세력을 길러 선조 때인 16세기 후반 다시 정치 무대에서 주도권을 잡게 되었어. 훈구파와 사림파의 대결에서 마지막 승리는 누가 차지했을까? 바로 사림파에게 돌아갔단다.

이번 정거장에서 더 알아보기

성리학으로 본 훈구파와 사림파

훈구파와 사림파는 학문이나 사상에서도 서로 차이가 있었어요. 훈구파는 성리학은 물론 불교와 도교, 풍수지리 등 다른 사상도 폭넓게 받아들였어요. 반면 사림파는 성리학 이외의 다른 학문이나 사상은 멀리했어요.

성리학이란 우주 질서와 인간 심성을 연구하는 학문이에요. 당시 관리들은 '사람은 나면서부터 착한가, 악한가', '우주의 모든 존재는 어떻게 태어났는가'와 같은 철학적인 문제를 연구하고 그것을 현실 정치에 적용하려고 했어요. 또 성리학은 임금과 신하, 부모와 자식, 남편과 부인, 주인과 노비 사이에는 각자 지켜야 할 분수와 도리가 있다는 가르침을 전하며 이것을 바탕으로 사회를 안정시켰어요.

사림파는 각 지방의 서원에서 이러한 성리학을 가르쳤어요. 서원은 유학자의 제사를 지내며 지방 양반의 자식들을 교육하는 교육 기관이었지요. 그래서 서원은 점점 사림파와 지방 양반의 세력을 키우는 곳이 되었답니다.

26 임진왜란이 일어났어요

**1592년부터 1598년까지
임진왜란과 이순신, 의병들의 활약**

여기는 어느새 조선이 세워진 지 꼭 200년이 되는 정거장이란다. 이 해에는 '임진왜란'도 일어났어. 임진왜란이라는 말을 한 번쯤은 들어 보았겠지? 임진왜란은 음력으로 임진년에 왜(일본)가 우리나라를 침략한 일을 말해.

당시 조선 조정의 관리들은 서로 권력을 다투느라 정신이 없었어. 그래서 정작 국방력을 키우는 데에는 소홀했지. 더구나 조선이 세워진 뒤로는 큰 전쟁이 일어난 적이 없어서 이웃 나라와의 전쟁에는 전혀 대비하지 않고 있었어. 당시 조정의 관리였던 이이는 일본의 움직임이

심상치 않다는 것을 알고, 10만 명의 병사를 꾸리자고 했지만 다른 관리들은 쓸데없는 걱정이라며 귀담아듣지 않았어.

이때 일본에서는 도요토미 히데요시가 100년이 넘도록 서로 나누어져 싸우던 나라 안의 여러 세력들을 하나로 통일했어. 강력한 힘을 갖게 된 도요토미는 이세 일본을 넘어 중국 땅까지 세력을 뻗어 나가려는 계획을 세웠단다. 그리고 중국으로 가는 길목인 조선을 먼저 침략하기로 마음먹었어.

특히 일본은 포르투갈 상인이 전해 준 조총이라는 신식 무기를 가지

부산진순절도
조선 후기의 작가 변박이 그린 왜군과의 전투 장면이에요.

부산진에서 벌어진 왜군과의 전투 장면을 그린 그림이란다.

고 군사들을 훈련시켰어. 그러고는 1592년 4월, 조선에게 '명을 공격하러 갈 것이니 길을 빌려 달라.'는 핑계를 대고 20만 명이 넘는 군사들을 이끌고 조선으로 쳐들어왔지.

왜군은 조선의 부산진과 동래성을 공격해 성을 무너뜨린 뒤 한반도 북쪽으로 향했어. 조선군은 충주에서 왜군을 막으려 했지만 신식 무기로 무장한 왜군과의 전투에서 또다시 지고 말았어. 왜군이 점점 한양 가까이로 올라오자 조선의 임금 선조는 평안북도 의주로 몸을 피할 수밖에 없었단다.

왜군은 부산진에 도착한 뒤 18일 만에 한양을 차지했어. 그러고는 더욱 기운차게 평양과 함경도 지역까지 나아갔지. 급기야 일본은 전라도와 평안도 일부 지역을 빼고 한반도의 거의 모든 지역을 차지했단다.

육지의 왜군이 점점 북쪽으로 올라가자 바다에 있던 왜군 역시 바닷길을 이용해 북쪽으로 올라갔어. 북쪽으로 가는 육지의 왜군들에게 식량과 군사 물자를 바다를 통해 가져다주기 위해서였지. 바다의 왜군은 경상도 해안을 거쳐 전라도 해안으로 이동했단다.

그런 가운데 전라도 해안의 경비를 맡고 있던 이순신이 옥포에서 왜군을 상대로 첫 승리를 거두었어. 왜군이 쳐들어올 것을 예상하고는 조선의 군사들을 미리 훈련시키고 거북선을 만들어 둔 덕분이었단다. 이순신은 그 뒤 사천과 당포, 한산도 앞바다에서도 잇따라 왜군을 물리쳤지.

한산도 앞바다의 조선 함선들은 이순신의 지휘에 따라 일부러 후퇴하는 척하며 일본 함선들을 유인했어. 그러고는 갑자기 뱃머리를 일본 함선들 쪽으로 돌려 학의 날개 모양으로 위치를 잡고는

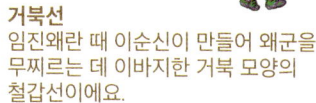

갑판 우에 덮개를 씌워 왜군이 우리 배로 뛰어드는 것을 막고 배 안에 탄 사람을 보호했어요.

거북선
임진왜란 때 이순신이 만들어 왜군을 무찌르는 데 이바지한 거북 모양의 철갑선이에요.

공격을 퍼부었지. 이렇게 해서 조선군은 일본 함선 70여 척 가운데 50여 척을 부수고 불태웠어. 이것이 바로 '한산도 대첩'이야. 한산도 대첩이 없었다면 왜군은 전라도 지역을 장악하고 서해안을 돌아 황해도와 평안도까지 올라갔을 거야. 그러니 한산도 대첩은 조선의 운명을 걸고 싸운 아주 중요한 전투였단다.

전국 곳곳에서 의병들도 일어났어. 의병은 나라를 지키기 위해 스스로 군인이 되어 싸움에 나선 백성들이지. 양반과 농민, 노비, 승려를 가리지 않고 모두가 마을을 지키고 나라를 구하기 위해 한마음으로 뭉쳤단다.

경상도의 곽재우가 처음 의병을 일으킨 다음으로 충청도의 조헌, 전라도의 고경명, 함경도의 정문부, 강원도의 유정(사명 대사), 평안도의 휴정(서산 대사) 등 의병 운동은 계속해서 이어졌어.

가장 처음 의병을 일으킨 곽재우는 "나라의 운명이 바람 앞의 촛불과 같아 수백 년의 종묘사직이 잿더미가 될 처지에 놓였다. 왜군의 만행에 맞서 의병을 일으키려 하니 백성의 도리를 아는 사람이라면 함께 일어서라."라고 말했어. 또 이이의 제자 조헌은 금산에서 700여 명의 의병을 이끌고 왜군과 싸우다 죽었단다. 지금도 금산에 가면 이들의 무덤을 볼 수 있지.

승려들도 활약했어. 승려는 원래 살생을 해서는 안 되지만 위기에 빠진 나라를 구하기 위해 승병을 꾸려 싸운 거야.

바다에서는 조선의 군사들이 활약하고, 육지에서는 의병이 왜군과 맞서고 있을 무렵, 명의 지원군 5만 명이 조선에 도착했어. 1593년 1월이었지. 명의 지원으로 조선군은 한층 더 힘을 낼 수 있었단다. 이 무렵 권율은 행주산성에서 큰 승리를 거두고 김시민은 진주성을 지켜 내는 데 성공했어. 권율이 활약한 행주 대첩에서는 마을의 부녀자들까지 앞치마로 돌을 나르며 왜군을 공격하는데 힘을 보탰지. 오늘날 우리가 쓰는 '행주치마'라는 말은 바로 여기서 나온 말이라고 해.

조선과 명의 연합군이 전국 곳곳에서 이처럼 거세게 공격하자 왜군은 한양에서 물러나 경상도 해안 지역에 진을 쳤고, 결국에는 전쟁을 멈추고 물러났단다.

이번 정거장에서 더 알아보기

정유재란

임진왜란이 끝나고 난 뒤 일본은 3년에 걸쳐 조선과 휴전 교섭을 했지만 별 이득을 얻지 못했어요. 그러자 일본은 정유년인 1597년 다시 조선을 공격했어요. 바로 정유재란이에요. 정유재란이 일어나자 이순신은 다시 전쟁터로 나가 명량 해전에서 왜군을 크게 물리쳤답니다. 그때 마침 조선 침략을 이끌었던 도요토미 히데요시가 병으로 죽게 되자 왜군들도 곧 물러났지요. 이순신은 물러나는 왜군을 노려 노량 해진에서 큰 승리를 거두었어요.

오랜 전쟁은 결국 조선의 승리로 끝났어요. 하지만 조선은 커다란 피해를 입었어요. 전국 곳곳이 황폐해져 농사지을 땅이 3분의 1로 줄어들었고, 수많은 조선 사람들이 일본으로 잡혀갔어요. 또 신분 제도도 흔들리게 되었어요. 전쟁에서 공을 세운 사람이 관직을 얻게 되거나, 노비 문서가 불에 타 노비가 상민이 되는 일도 생겼지요. 또 상민이 양반이 되는 일도 많이 일어났어요.

27 병자호란이 일어났어요

**1627년부터 1636년까지
두 차례의 호란과 청의 간섭**

왜란이 끝난 지 30년쯤 되었을까? 조선에는 다시 큰 전쟁이 일어났어. 바로 호란이었지. 우리도 얼른 버스를 타고 달려가 보자!

'호'는 오랑캐를 뜻하는데, '호란'이라고 하면 한반도 북쪽 만주에 살던 여진족이 쳐들어온 것을 뜻해. 정묘년인 1627년에는 정묘호란이, 병자년인 1636년에는 병자호란이 일어났어. 정묘호란 때 조선을 쳐들어온 여진의 나라는 후금이었어. 그 뒤 후금은 청으로 이름을 바꾸고 다시 병자호란을 일으켰지.

 그런데 호란은 왜 일어났을까? 왜란이 있은 뒤, 광해군이 나라를 다스리던 때로 거슬러 올라가 볼까? 당시 중국에서는 여진족이 세운 나라인 후금이 세력을 키우면서 나라 힘이 약해진 중국의 명을 위협하고 있었어. 그러자 명은 조선에 지원군을 요청했단다. 임진왜란 때 명이 조선을 도왔으니, 이제 조선이 도울 차례라는 것이었지.

 반대로 후금은 조선이 명과 후금 사이에서 어느 한쪽 편을 들지 않고 중립을 지킨다면 조선을 넘보지 않겠다고 약속했어. 조선은 고민했어. 의리를 앞세워 명을 돕는다면 한창 힘을 키워 가고 있는 후금과 적이

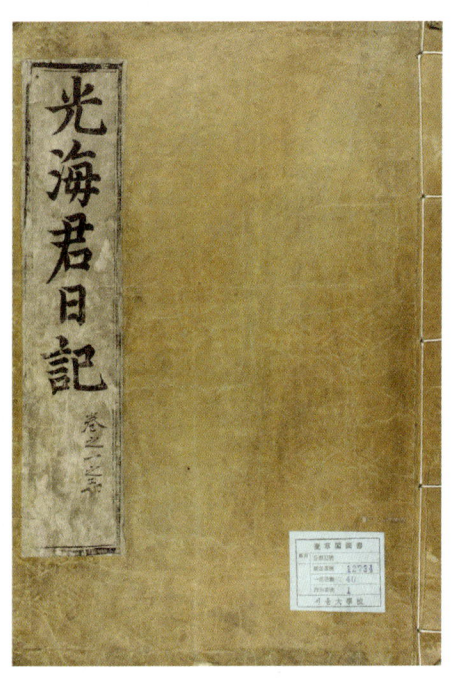

광해군 일기
광해군이 왕으로 지냈던 15년 동안의 기록을 담은 책이에요.

그러니까 임금의 일기장인 셈이구나!

될 것이라는 부담이 있었고, 명의 요청을 아예 무시하면 의리 없는 나라가 되는 셈이었거든.

당시 임금이었던 광해군은 고심 끝에 명의 요청대로 지원군을 보내되, 후금과는 싸우지 않는 중립 외교를 펼쳤어. 명과 후금의 싸움에 휘말리지 않고 실리를 챙기자는 것이었지. 광해군은 왜란이 끝난 지 얼마 되지 않아 또다시 전쟁에 휘말리면 백성들이 엄청난 고통을 받을 거라고 생각한 거야.

광해군은 지원군 1만 명을 명에 보내면서 총지휘관인 강홍립에게 비밀 명령을 내렸단다. "대의명분 때문에 어쩔 수 없이 군사를 보내지만, 힘이 약하니 후금과는 싸울 생각이 없다고 말하시오."라고 말이야. 명의 군사들과 함께 전쟁터로 나간 강홍립은 광해군의 지시를 따랐고, 후금의 왕 누르하치는 '조선이 군사를 보낼 수밖에 없었던 사정을 이해한다.'라는 내용의 편지를 광해군에게 보내왔어.

그런데 얼마 뒤 광해군은 임금의 자리에서 밀려나고 말아. 광해군과 다른 정치 세력이었던 서인 세력이 광해군을 몰아내고 광해군의 조카를 왕으로 앉혔거든. 그리하여 새 임금으로 인조가 올랐단다. 인조와 서인 세력은 권력을 잡자마자 광해군의 외교 정책부터 바꿨어. 광해군과는 반대로 명을 가까이 하고 후금을 멀리하는 정책을 편 것이지.

누르하치

여진족을 통일해 후금을 세우고 청 왕조를 연 인물이야.

그러자 화가 난 후금은 1627년 1월, 3만여 명의 군대를 이끌고 압록강을 넘어 조선을 공격했어. 후금의 군대는 평안도를 거쳐 황해도 평산까지 물밀듯이 밀려왔어. 후금의 기세에 놀란 인조는 강화도로 몸을 피했단다. 이것이 정묘호란이야.

하지만 후금은 황해도 평산에서 더 이상 남쪽으로 내려오지 못했어. 각지에서 일어난 의병이 후금 군대의 뒤쪽을 공격하며 식량이나 군사 물자를 전달하는 길을 막았거든.

후금은 조선을 오래 공격하기에는 군사의 수가 부족하다고 판단하고는 조선에게 자기들과 형제의 관계를 맺으면 전쟁을 멈추겠다고 했단다. 조선 역시 후금과 전쟁을 할 준비가 충분하지 않았기 때문에 국교를 맺기로 결정했어. 하지만 조선의 입장에서는 한때 오랑캐라고 무시하며 4군 6진을 설치해 압록강과 두만강 너머로 내쫓았던 여진족 후금과 형제의 관계를 맺는다는 건 치욕적인 일이었지.

그런데 이것으로 끝이 아니었단다. 힘을 더 키운 후금은 나라 이름을 청으로 바꾸고, 이번에는 조선에게 임금과 신하의 관계를 갖자고 요구했어. 신하가 임금을 대하듯 조선은 청에게 예의를 갖추라는 것이었지. 조선이 이를 거절하자 청은 1636년 12월, 12만 명의 거대한 군사를 이끌고 다시 조선으로 쳐들어왔어. 이것이 병자호란이야.

미처 전쟁 준비를 하지 못했던 조선은 불과 5일 만에 한양을 내주고 말아. 인조는 가족을 강화도로 보내고, 자신은 강화도 대신 남한산성으로 들어가 45일 동안 청군에 맞섰단다. 당시 남한산성에 있던 나라 관

서울 삼전도비
병자호란 때 청 태종의 요구에 따라 그의 공덕을 적어 세운 비로 지금은 서울 석촌 호수에 위치하고 있어요.

리들은 청과 끝까지 싸워야 한다는 사람과 청과 강화를 맺고 평화롭게 지내자는 사람들로 나누어져 있었어. 하지만 청의 군사들이 남한산성을 완전히 포위하면서 조선은 청의 요구를 받아들일 수밖에 없게 되었단다.

이렇게 해서 1637년 1월 인조는 오늘날 서울 송파동 자리인 삼전도에서 청 태종에게 굴욕적인 항복을 했어. 인조는 높은 단 위에 앉아 있는 청 태종 앞에서 세 번 머리를 조아려 절하고 한 번 절을 할 때마다 세 번씩 이마를 땅바닥에 대는 삼배구고두의 예를 올렸지. '삼배구고두'는 중국에서 신하가 황제를 만날 때 인사하는 방법이야. 이를 '삼전도의 굴욕'이라고 한단다.

이로써 조선과 명의 관계는 완전히 끊어졌어. 그리고 250여 년 동안 조선은 청의 간섭을 받게 되지.

이번 정거장에서 더 알아보기

효종의 북벌론

청군은 조선에서 물러나면서 인조의 아들인 소현 세자와 봉림 대군 등을 볼모로 잡아갔어요. 청에 끌려간 여자도 50만 명이나 되었지요. 청에 의해 노비로 팔린 조선 사람이 66만 명에 이를 정도로 당시 조선 사람들은 큰 피해를 입었어요.

그러자 조선에서는 곧 청을 공격해 원수를 갚아야 한다는 북벌론이 나오게 되었어요. 청에 잡혀갔다가 조선으로 돌아온 소현 세자가 갑작스럽게 죽자 동생이었던 봉림 대군(효종)이 왕위에 올라 북벌 정책을 추진했지요. 효종은 송시열, 이완 등과 함께 남한산성과 북한산성을 쌓고 어영청 등의 군대를 키웠어요. 하지만 북벌론은 결국 실현되지는 못했어요. 중국을 지배하는 청의 강력한 군사력에 맞서기는 역부족이었거든요.

28 붕당 사이에 대립이 심했어요

17세기부터 18세기까지 붕당 정치와 그 폐해

 **벌써 우리는 조선 후기 정거장에 도착했어.** 이때 나라의 관리들은 동인, 서인, 남인, 북인 같은 붕당으로 서로 나뉘어 있었어. '붕당'은 주로 학문의 계통이나 이념에 따라 모인 사람들을 뜻하지.

시간이 지나자 몇 개 되지 않던 붕당은 여러 개로 나누어졌어. 동인은 남인과 북인으로 나누어졌는데, 남인은 이황, 북인은 조식의 학문을 이었지. 또 서인에는 이이의 학문을 잇는 사림파들이 모였단다.

각 붕당이 나라의 어떤 문제를 놓고 토론해 마련한 의견을 공론이라

고 해. 이러한 공론들을 바탕으로 나랏일을 이끌어 가는 것이 바로 붕당 정치야. 처음에 붕당 정치는 붕당끼리 서로의 존재를 인정하고 서로 비판하면서 합리적인 정책을 만드는 역할을 했어. 그러나 나중에는 자기들만의 이익을 앞세우거나 권력을 독차지하는 데에만 힘을 쏟게 돼. 그러다 보니 붕당 간의 경쟁과 싸움이 심해졌어. 흔히 붕당을 당파, 붕당끼리의 싸움은 당쟁이라고 부른단다.

그런데 당시에는 붕당끼리 싸울 수밖에 없었던 근본적인 이유가 있었어. 관직을 차지하려는 사람은 많은데 비해 관직의 수는 정해져 있었거든. 그러니 관직을 얻고 싶은 사람은 목소리가 큰 붕당과 인연을 맺으려 했단다. 또 각 붕당은 중요한 관직에 자기 사람을 앉혀서 힘을 키우려 했어.

그럼 붕당 정치에 어떤 문제가 있었는지 자세히 알아볼까? 17대 임금 효종과 왕비가 각각 죽었을 때였어. 붕당 사이에서는 효종의 계모인 자의 대비가 상복을 몇 년간 입어야 하느냐를 놓고 치열한 논쟁을 벌였어. 그 정도 문제로 그렇게까지 싸울 필요가 있었을까 싶지만 각 붕당은 자신의 세력을 더욱 키우려고 싸움을 일으켰던 거야.

이때 서인은 사대부의 의례를 따라야 한다고 했어. 반면 남인은 왕실의 의례가 사대부보다 격이 높아야 한다고 반대했지. 이것을 '예송 논쟁'이라고 해. '예송'이란 왕실의 의례 문제를 뜻하지.

여기서는 서인의 주장이 받아들여져 서인의 세력이 커졌어. 하지만 나중에 왕비가 죽었을 때는 남인의 주장이 받아들여

붕당정치 시대의 대표적인 인물이야.

송시열
효종, 현종, 숙종에 이르기까지 붕당 정치 시대에 큰 권력을 가졌던 사람으로 왕도 그를 함부로 하지 못했대요.

져 남인의 세력이 커졌지.

　19대 임금 숙종 때에는 서인과 남인의 경쟁이 더욱 치열해졌어. 세력을 더 키우는 것은 물론 다른 붕당을 완전히 내쫓으려고까지 했거든. 숙종 때에는 왕위 계승과 세자 책봉 문제 등을 놓고 3차례나 환국이 나타났어. '환국'이란 권력을 잡는 세력이 급하게 바뀌는 것을 뜻해. 경신년인 1680년 경신환국 때는 남인의 권력이 서인에게 넘어갔고, 1689년 기사환국 때는 다시 남인이 권력을 차지했어. 이어 1694년 갑술환국 때는 서인이 남인을 또 몰아냈지.

　이러한 일을 겪으면서 서인은 다시 노론과 소론으로 갈렸어. 노론은 권력을 빼앗긴 남인을 심하게 벌주어야 한다고 했고, 소론은 남인을 함부로 대해서는 안 된다고 맞섰거든. 여기서는 결국 노론이 이기게 돼.

　이러한 오랜 붕당 정치로 인해 왕의 힘은 크게 약해지고 말았단다.

이번 정거장에서 더 알아보기

붕당 정치가 생겨난 이유

조선 후기 실학자 이익은 《곽우록》이라는 책에 붕당 정치가 생겨난 진짜 이유를 썼어요.
'붕당은 싸움에서 생기고, 싸움은 이해관계에서 생긴다. 이해관계가 절실하면 붕당이 깊어지고, 이해관계가 오래될수록 붕당은 더욱 강해진다. 그 이유는 무엇인가. 지금 열 사람이 함께 굶주리고 있는데 한 그릇의 밥을 같이 먹게 되면 그 밥을 다 먹기도 전에 싸움이 일어날 것이다. …조정의 붕당도 이와 다를 것이 있겠는가. …과거를 자주 보아 인재를 너무 많이 뽑았고, 총애하고 미워함이 치우쳐 승진과 퇴직이 일정하지 못했기 때문이다. …이 밖에도 벼슬에 드는 길이 많으니, 이것이 이른바 관직은 적은데 써야 할 사람은 많아서 모두 처리할 수 없다는 것이다.'

29 영조가 탕평책을 실시했어요

1725년부터 1776년까지
탕평책과 영조 시대 중흥기

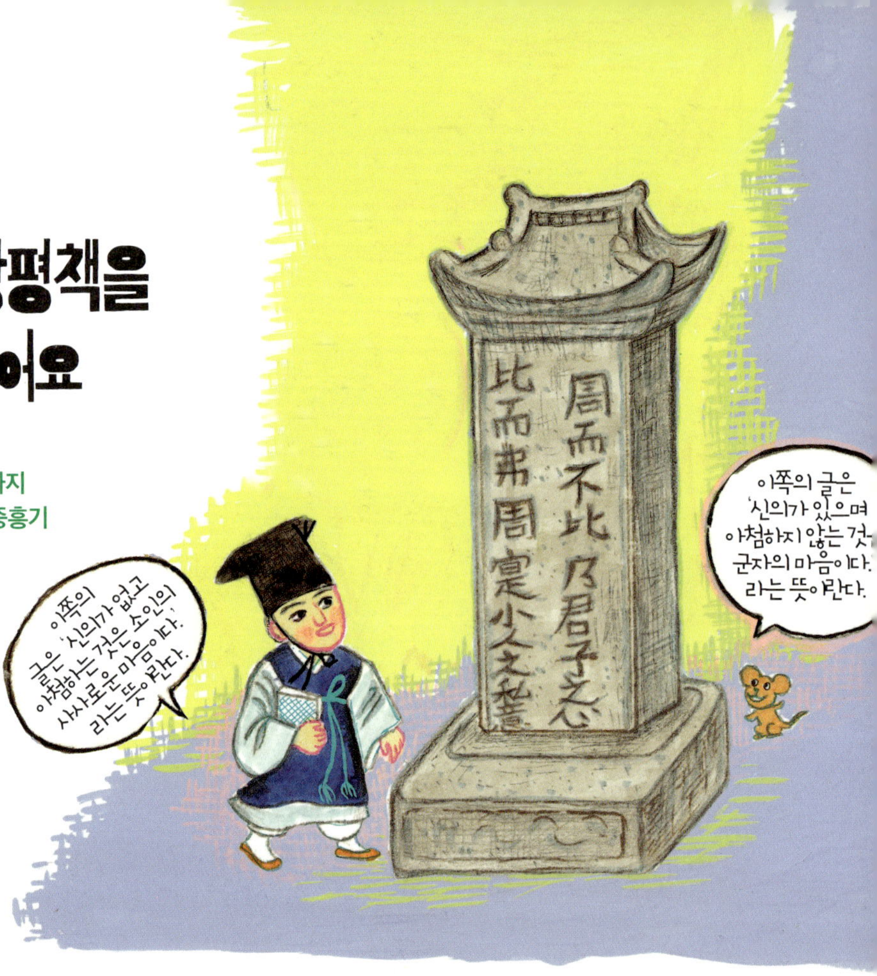

이쪽의 글은 '신의가 없고 아첨하는 것은 소인의 사사로운 마음이다.' 라는 뜻이란다.

이쪽의 글은 '신의가 있으며 아첨하지 않는 것 군자의 마음이다.' 라는 뜻이란다.

붕당 정치가 한 치의 양보도 없는 권력 다툼이 되면서 붕당들은 죽기 아니면 살기 식으로 더욱 심하게 대립했어. 그런 상황 속에서 나라와 정치 질서도 어지러워졌지.

원래 붕당은 공론을 만들고, 서로를 비판하면서 합리적인 정책을 펴기 위해 생겨난 거야. 하지만 나중에 붕당들은 서로의 존재를 인정하지 않고, 격렬하게 부딪치기만 할 뿐이었지. 또 그러느라 관리들은 백성을 돌보는 정치를 하는 데에도 소홀했어. 이렇게 나라가 혼란스럽고 나아가 백성들의 삶까지 어려워지는데도 임금은 손을 쓸 수가 없었어.

혼란스런 상황 속에서 이미 왕권이 약해져 버렸거든.

그런데 1724년 21대 임금인 영조가 즉위하면서 조금씩 상황이 바뀌었단다. 영조는 왕이 되기 전부터 붕당 정치의 문제점을 잘 알고 있었어. 그래서 영조는 붕당 사이의 대립을 진정시키고 왕권을 강화하는 데 온 힘을 쏟았단다. 이를 위해 영조가 꺼낸 해결 방안이 바로 '탕평책'이야.

탕평이란 임금이 어느 편에 서지 않고 아주 공평하게 정치하는 것을 뜻해. 어느 붕당에 속했느냐를 가리지 않고 관리를 골고루 등용해 서

탕평비각
영조가 탕평책을 알리기 위해 세운 비석이 이곳에 자리 잡고 있어요.

지금 성균관 대학교에 가면 만날 수 있어

로의 싸움을 막고 균형을 맞추려 한 거야. 영조는 어느 특정한 당파가 권력을 잡으면 다른 편을 모두 몰아내고 마음대로 정치를 하는 데서 붕당 정치의 문제가 생겼다고 생각했거든.

탕평책은 원래 19대 임금 숙종이 먼저 제안했는데, 영조 때가 되어서야 비로소 제 힘을 발휘할 수 있었어.

영조는 먼저 당시 오랫동안 권력을 차지하고 있던 노론의 관리들을 내치고, 대신 소론과 남인 가운데 온건하고 타협적인 인물들을 등용했어. 또 어느 붕당이냐를 따지지 않고 능력만 있으면 누구든 중요한 관직에 앉혔단다. 영조는 권력 다툼을 하는 사람은 정치에 영원히 발을 붙이지 못하게 하겠다고도 경고했지. 또 과거 시험에도 탕평과를 새로 넣었고, 같은 붕당 집안끼리는 혼인도 할 수 없도록 했어. 나라의 관리를 길러 내던 최고의 교육 기관인 성균관에는 탕평책을 널리 알리기 위해 탕평비까지 세웠지.

 탕평책이 시행되면서 붕당 사이의 권력 다툼은 어느 정도 가라앉았어. 덕분에 상대적으로 왕의 힘은 커졌단다.

 이렇게 나라가 어느 정도 진정되자 영조는 백성들의 생활에 신경을 쓸 수 있게 되었어. 그러면서 백성들의 세금 부담을 줄이고, 시대 변화에 맞게 제도를 정비하는 등 각종 개혁 정책을 펴 나가게 돼.

이번 정거장에서 더 알아보기

탕평책의 한계

영조의 탕평책에는 어느 정도 한계가 있었어요. 영조 말년에는 탕평책을 지지하고 후원하던 외척 세력의 힘이 오히려 강해졌지요. 또한 영조는 노론의 도움으로 왕위에 올랐기 때문에 노론 세력을 완전히 무시할 수는 없었어요. 이것은 영조가 자신의 아들 사도 세자를 죽인 일에서도 드러나지요.
사도 세자는 노론보다는 소론 쪽과 가까웠어요. 그러자 노론은 사도 세자가 왕위에 올라 소론에게 힘을 실어 줄까 봐 영조와 사도 세자 사이를 이간질했어요. 결국 사도 세자는 영조에 의해 죽음을 맞았지요. 오늘날 전해지는 '사도 세자'라는 이름은 죽은 세자를 애도한다는 뜻에서 '사도'라는 말을 붙인 것이랍니다.

30 정조가 조선의 르네상스를 열었어요

1776년부터 1800년까지
수원 화성의 건설과 정조 시대 중흥기

앞 정거장에서 영조가 스스로 자신의 아들 사도 세자를 죽였다고 말했지? 조선의 22대 임금 정조는 불과 열한 살의 나이에 아버지 사도 세자가 비통한 죽음을 맞는 모습을 지켜봐야만 했단다. 그런 슬픔을 겪은 정조는 어떤 임금이 되겠다고 생각했을까? 정조가 나라를 다스리던 때로 가 볼까?

정조는 임금이 된 다음 사도 세자를 희생시킨 당쟁을 뿌리 뽑고, 공평한 정치를 펼치겠다고 결심했어. 그러고는 자신이 생각하는 정치 개혁을 뒷받침할 기구들을 하나씩 만들어 갔어.

팔달문

 우선 규장각을 설치해 당파와 상관없이 젊고 유능한 인재를 뽑아 학문을 연구하도록 했지. 또 강력한 왕권을 유지할 수 있는 힘을 얻기 위해 장용영이라는 군대를 새로 만들어 친위 부대로 삼았어.
 경기도 수원에 계획 도시 화성을 쌓은 것도 정조 때야. 화성은 군사적인 방어 기능과 상업 기능을 함께 갖춘 신도시로, 정치 개혁을 향한 정조의 의지를 담고 있지. 또한 경기도 양주에 있던 사도 세자의 무덤도 수원으로 옮겨 현륭원이라 했어.
 정조는 많은 백성들을 화성으로 옮겨 가 살게 하고는, 먹고살 수 있

규장각도
규장각은 당시 조선의 왕실 도서관으로 정조가 꿈꾸던 개혁 정치의 근거지가 되었어요.

는 생업을 마련해 주었어. 또 서울과 화성을 잇는 넓은 길을 만들어 화성에서 중요한 나랏일을 결정하기도 했지. 이처럼 정조에게 화성은 새로운 개혁 정치를 실현할 근거지였어.

화성은 동서양의 성 쌓는 기술과 당시 가장 앞선 과학 기술을 총동원해 만든 것으로도 유명해. 그래서 1997년에는 유네스코 세계 문화유산으로 지정되기도 했지.

정조는 강화된 왕권을 바탕으로 백성들의 생활과 사회 안정을 위해 각종 개혁 정책을 추진했어. 상업 활동을 더욱 자유롭게 할 수 있도록 하고, 광산 개발을 장려하는가 하면, 농업 기술 발전에도 힘썼지.

이러한 과정에서 상공업이 점점 더 발달하자 한양의 인구는 더욱 늘었고, 한강에는 많은 배들이 드나들었어. 이처럼 영조에 이은 정조의 개혁 정치로 조선의 정치와 사회는 다시 안정되었어. 더불어 백성들의 생활도 넉넉해졌단다. 그래서 정조가 1776년 왕위에 올라 1800년까지 집권한 때를 조선의 르네상스라고도 불러.

이번 정거장에서 더 알아보기

왕실 도서관, 규장각

규장각은 수만 권의 책을 갖춘 일종의 왕실 도서관이었어요. 정조는 규장각에 비서실을 두고 강력한 정치 기구로 키웠고, 과거 시험이나 관리들의 교육도 이곳에서 담당하게 했어요. 규장각의 인물로는 이덕무, 박제가, 유득공, 서이수가 유명해요. 이들은 모두 서얼(서자) 출신 학자들로 능력만 있다면 신분에 관계없이 누구든 관리로 뽑아 썼던 정조의 의지를 엿볼 수 있답니다.

60여 년 동안의 세도 정치

정조가 갑자기 세상을 떠나자 순조가 11살의 어린 나이로 왕위에 올랐어요. 어린 순조가 왕위에 오르면서 탕평 정치는 무너졌고, 대신 순조의 장인이 권력을 차지했어요. 이처럼 왕실과 혼인 관계를 맺은 한 가문이 권력을 차지하는 것을 '세도 정치'라고 해요.
세도 정치는 순조, 헌종, 철종까지 3대에 걸쳐 60여 년 동안 이어졌어요. 세도 정치 때에는 임금이 그저 허수아비에 불과했기 때문에 관리들의 부패가 심했어요. 뇌물로 관직을 사고파는 일까지 벌어질 정도였지요. 뇌물로 관리가 된 사람들은 백성들에게 엄청난 세금을 거두어 재산을 불렸기 때문에 또한 그 피해가 고스란히 백성에게 돌아갔답니다.

성리학을 비판하며 등장한 실학

왜란과 호란을 거치고 17세기 후반에 들어서자 성리학에 대한 비판이 일어났어요. 이론과 형식에 치우친 성리학으로는 사회의 어려움을 바로잡는 데 한계가 있었거든요. 그러면서 정치와 사회, 현실 개혁에 도움이 되는 실용적이고 실증적인 학문이 일어났어요. 바로 실학이지요. 실학자들은 정치·경제·사회 등 여러 부문을 개혁해 나라를 발전시키려 했어요.
그중 유형원, 이익, 정약용은 농업을 중심으로 한 개혁을 외쳤고, 유수원, 홍대용, 박지원, 박제가 등은 상공업을 일으켜 나라를 발전시키려 했답니다.

31 서양 열강이 쳐들어왔어요

18세기 말부터 19세기 중후반까지
병인양요·신미양요와
천주교의 박해

우리 버스는 이제 척화비 앞에 섰단다. 척화비가 무엇이냐고? 이 비석에 뭐가 써 있는지 먼저 살펴볼까?

"서양 오랑캐가 쳐들어왔을 때 싸우지 않음은 곧 친하게 지내자는 것이요. 친하게 지내자 함은 나라를 팔아먹는 것이다. 자손만대에 경계하노라."

이 척화비는 조선 26대 임금인 고종의 아버지 흥선 대원군이 세운 것이란다. 1871년, 전국 각지에는 이 척화비가 세워졌어. '척화'란 서양 세력과 가까이하지 않고 통상도 하지 않겠다는 뜻이야. 그런데 흥

선 대원군은 왜 척화비를 세운 걸까?

 그것은 병인년인 1866년의 어느 사건에서부터 시작되었어. 그해 9월 프랑스가 함선 7척과 군사 1,000여 명을 이끌고 강화도에 쳐들어왔어. 이를 병인년에 서양이 일으킨 난리라고 해서 '병인양요'라고 불러. 이때 프랑스는 조선이 프랑스 선교사 9명을 처형한 것을 항의하며 통상 조약을 맺자고 했단다. 하지만 조선은 이를 받아들이지 않고 프랑스군과 싸웠어. 프랑스군은 곧 물러갔지만 안타깝게도 조선은 강화도 외규장각에 보관된 각종 서적과 문화재를 빼앗기고 말아.

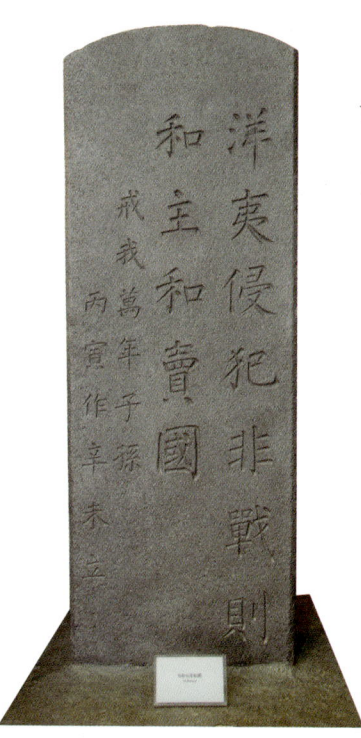

척화비
외세의 통상 조약 요구에 나라 문을 잠그겠다는 흥선 대원군의 뜻이 담겨진 비석이에요.

그런데 당시 조선이 프랑스 선교사를 처형한 데에는 이유가 있었단다. 조선에서는 천주교가 금지되어 있었음에도 나라 곳곳에 천주교가 널리 퍼지고 있었어. 프랑스 선교사들은 몰래 조선 각지에 들어와 선교 활동을 하기도 했지. 고종을 대신해 실제로 나라를 다스리던 흥선 대원군은 처음에는 천주교를 반대하지는 않았어. 하지만 청이 서양 세력에 흔들리고, 유학을 공부한 양반들마저 천주교에 반대하자 천주교를 탄압하기 시작한 거야. 이런 사회 분위기 속에 프랑스 선교사들도 처형을 당할 수밖에 없었지.

서양 사람들이 조선과 통상 조약을 맺으려고 벌인 일들은 여기서 끝이 아니었어. 1868년에는 독일의 상인 오페르트가 흥선 대원군의 아버지 무덤을 도굴하려고 한 사건이 벌어졌어. 또한 1866년 7월에는 미국 상선인 제너럴셔먼호가 대동강에서 마을을 약탈하고 사람들을 죽인 사건이 벌어졌어. 이에 화가 난 평양 관리와 마을 사람들도 미국 상선에 불을 지르고 미국 선원을 죽였지.

그러자 신미년인 1871년, 미국의 함선 6척과 군사 1,200여 명이 강화도를 침략하는 '신미양요'가 일어나게 돼. 다행히 이번에도 조선은 20여 일 만에 이들을 물리쳤어. 이처럼 흥선 대원군은 밀려오는 서양

제너럴셔먼호

세력을 간신히 물리쳤어. 그러고는 서양을 멀리해야 한다는 생각을 더욱 굳히게 되었단다.

이번 정거장에서 더 알아보기

천주교 박해
1791년에 윤지충이라는 사람은 어머니의 제사를 천주교 의식으로 치렀다는 이유로 사형을 당했어요. 이처럼 조선의 지배층들은 유교적 의례와 의식을 거부하는 천주교를 나라의 지배 체제를 위협하는 심각한 현상으로 받아들였답니다. 특히 세도 정치 때에 천주교는 정치적인 문제로 더욱 탄압을 받았어요. 권력자들이 겉으로는 천주교를 막는다는 핑계를 대면서 천주교도가 많은 다른 당파 사람들을 제거하고자 한 것이지요.

흥선 대원군
왕위를 이을 자손이나 형제가 없어 친척이 왕위를 이을 경우, 이 임금의 아버지를 대원군이라고 해요. 우리나라에서 보통 대원군이라 하면 흥선 대원군을 말하지요. 흥선 대원군은 12살에 왕위에 오른 고종 대신 10년 동안 나라를 다스리며 개혁 정치를 펼쳤어요. 세도 정치를 막은 것은 물론 능력에 따라 인재를 뽑아 썼고, 당파 싸움의 근거지가 된 서원을 거의 없앴지요. 또 임진왜란 때 불타 사용하지 않던 경복궁을 중건해 왕과 왕실의 권위를 세우려고 했어요.

32 운요호 사건이 일어났어요

1875년부터 1876년까지
운요호 사건과 강화도 조약

      고종이 20살을 넘기자 흥선 대원군은 권력에서 물러났어. 그리고 곧 고종의 왕비 쪽 가문인 민씨 세력이 정권을 잡았단다. 고종과 왕비는 나라 문을 닫아걸기만 했던 흥선 대원군과는 달랐어. 오히려 문호를 개방하는 개화 정책에 관심이 많았지. 그 틈을 타 일본은 조선에게 강하게 통상을 요구했어. 하지만 조선은 일본이 조선을 침략할 거라는 의심이 들어 이를 받아들이지 않았지.
    일본은 조선이 통상을 쉽게 받아들이지 않자 무력으로 위협하는 게 낫겠다고 판단했어. 그래서 일어난 일이 '운요호 사건'이란다. 그때로

버스를 타고 떠나 볼까?

1875년 9월 일본 군함 운요호가 강화도 초지진 앞바다에 나타났어. 프랑스, 미국과 이미 싸운 적이 있는 조선군은 일본 군함이 다가오자 대포를 쏘았지. 그런데 여기에는 일본의 교묘한 계획이 있었어. 조선이 일본을 먼저 공격하게 한 다음 그것을 구실 삼아 통상을 강요하려 한 거야. 먼저 공격을 받은 일본은 곧 신식 대포로 초지진을 공격해 관청과 마을의 집을 불태우고 사람들을 마구 죽였어.

그리고 이듬해 1876년 1월 일본은 조선에 운요호 사건을 논의해야

고종
조선의 26대 임금인 고종의 어진(왕의 초상)이에요.

세계 열강과 변하는 세상 속에서 아주 어렵게 정치를 펴나가던 임금이야

한다며 강화도에서 회담을 열자고 했어. 그러고는 일본 군함 8척과 군사 400명을 강화도에 먼저 보내 회담을 강제로 열도록 위협했단다.

조선은 회담을 거절했어. 하지만 조선의 어떤 관리들은 이참에 일본과 통상 조약을 맺어 서양 문물을 받아들이자고 했어. 그리고 결국 일본이 원하는 대로 조선 대표단과 일본 대표단 사이에 회담이 열렸단다.

그렇게 회담이 열린 지 보름 만인 1876년 2월 3일, 강화도에서는 우리나라와 외국과의 첫 통상 조약이 맺어졌어. 바로 '강화도 조약'이야. 우리나라 최초의 근대적 조약이었지. 그런데 근대적 조약이라 함은 원래 나라와 나라가 평등한 관계로 맺는 조약을 말해. 그러나 불행히도 강화도 조약은 대부분 일본의 요구대로 된 불평등 조약이었단다.

물론 이 조약에는 조선국은 자주국이며, 일본국과 평등한 관계를 가

진다고 되어 있지만 이것은 조선과 청의 관계를 끊어 버리려는 일본의 속셈일 뿐이었어. 이 밖에도 이 조약에서는 일본이 조선의 해안을 마음대로 측량할 수 있도록 해 조선의 군사 기밀을 빼낼 수 있게 했고, 조선에서 죄를 지은 일본인을 조선이 처벌할 수 없게 한 조항도 포함시켰어.

조선 사람들 대부분은 이러한 불평등한 조약 체결을 반대했어. 하지만 강화도 조약은 결국 체결되었고 조선은 부산과 원산, 제물포의 세 항구를 열게 되었단다. 이를 시작으로 조선은 외세에 잇따라 나라의 문을 열어 주게 되었지.

이번 정거장에서 더 알아보기

임오군란

강화도 조약이 체결된 뒤에는 신식 군대인 별기군도 만들어졌어요. 그러자 새로 만들어진 별기군은 좋은 대접을 받는 반면 구식 군대는 차별을 받았어요. 급료를 아예 받지 못하거나 밀린 급료로 모래와 겨가 섞인 쌀을 받기도 했어요. 이에 참다못한 구식 군대의 군인들은 고위 관리를 죽이고 일본 대사관을 공격했답니다. 이것이 1882년에 일어난 임오군란이에요.

갑신정변

임오군란이 있은 다음, 고종과 민씨 세력은 청과 가까이 지내며 개화 정책을 소홀히 했어요. 그러자 김옥균, 박영효, 서광범, 홍영식 등의 관리들이 조선의 근대화와 자주독립을 위해 정변을 일으켰어요. 바로 1884년의 갑신정변이에요. 이들은 청의 간섭에서 벗어나 정치·경제·사회 등의 분야를 개혁해 근대 국가를 세우려 했어요. 하지만 청이 끼어들면서 3일 만에 실패로 끝났어요. 또 일본에 너무 의존하는 바람에 백성들의 지지도 받지 못했답니다.

33 명성 황후가 시해되었어요

1894년부터 1895년까지
동학 농민 운동과 을미사변

강화도 조약을 체결한 일본은 조선을 차지하려는 욕심을 점점 더 드러냈단다. 그러던 중 1894년, 조선의 농민들이 전국에서 들고 일어나게 돼. 조선 관리들의 부패와 수탈, 갈수록 심해지는 일본의 침략에 맞서 일어난 이 농민들의 운동이 바로 '동학 농민 운동'이란다.

동학 농민 운동의 불길은 전국적으로 거세게 번져 나갔어. 그러자 겁을 먹은 조선 정부는 청에게 지원병을 보내 달라고 요청했단다. 좀 우습지? 자기 나라 백성들을 막아 달라고 외국 정부에 부탁까지 했다는

　것이 말이야. 이는 당시 조선 정부가 얼마나 무력했는지를 보여 줘. 아무튼 이로 인해 청의 군대가 조선에 들어오자 조선을 차지하는 데 불리해지겠다고 느낀 일본 역시 조선에 군대를 보냈어. 또 이 틈을 타 일본은 조선에서 청과 전쟁을 일으키기까지 했단다. 이러한 일본의 계획들은 모두 조선과 청의 관계를 끊어지게 해 자기네들이 조선을 보다 쉽게 차지하려는 것이었어.

　청과 일본의 전쟁은 어떻게 끝났을까? 일본이 승리했어. 전쟁에서 이긴 일본은 청이 조선의 일에 끼어들지 못하게 하는 것은 물론 청의 땅인 요동반도까지 빼앗았지.

그런데 여기서 끝이 아니었어. 이제는 러시아가 끼어들었단다. 일본이 한반도와 중국까지 세력을 키우려고 하자 일찌감치 한반도를 넘보고 있던 또 다른 나라 러시아가 나선 거야. 러시아는 프랑스와 독일을 자기편으로 만들고는 일본이 청과의 전쟁에서 빼앗은 요동반도를 다시 청에게 되돌려 주어야 한다고 주장했어. 일본은 세 나라를 상대로는 전쟁을 할 수 없었기 때문에 요동반도를 되돌려 주고 말았지.

이 일로 고종과 명성 황후는 러시아의 힘을 확인하고 러시아를 이용해 조선에서 일본을 몰아내야겠다고 다짐했단다. 한편 일본에게는 러시아와 친하게 지내는 명성 황후가 눈엣가시 같았어. 일본은 명성 황후가 조선을 침략하는 데 두고두고 장애물이 될 것이라고 생각해 명성

명성 황후 국장 행렬
명성 황후의 장례식 모습이에요.

황후를 죽이기로 결정했단다. 1895년 10월 8일 새벽, 일본군과 불량배들은 고종과 명성 황후가 있는 경복궁으로 갔어. 이들은 명성 황후의 침실인 옥호루에 들어가 명성 황후를 칼로 찔러 죽였지. 한 나라의 왕비를 죽인 이 끔찍한 일이 바로 '명성 황후 시해 사건'이란다.

이 비극적인 사건은 조선을 독차지하려는 일본의 야심에서 비롯된 것이었단다. 또한 강대국들 사이에서 휘청거리던 당시 조선의 슬픈 모습을 잘 보여 주고 있지.

대한제국 러시아 공사관

명성황후 시해 뒤 고종은 조선의 임금임에도 외국 공사관에 몸을 숨겨야 했어.

이번 정거장에서 더 알아보기

아관 파천

명성 황후가 시해되자 고종은 충격과 두려움에 빠졌어요. 자신도 언제 비슷한 일을 당할지 몰랐으니까요. 이때 러시아와 친하게 지내던 조선의 관리들은 고종에게 러시아의 도움을 받도록 했어요. 그리하여 고종은 1896년 2월 11일 새벽, 서울 정동에 있는 러시아 공사관으로 거처를 옮겼어요. 이를 '아관 파천'이라고 해요. 고종은 러시아 공사관에 머무는 1년 동안 러시아의 힘을 빌려 일본을 견제할 수 있었지만 러시아가 우리나라 내정에 간섭할 구실도 주었지요.

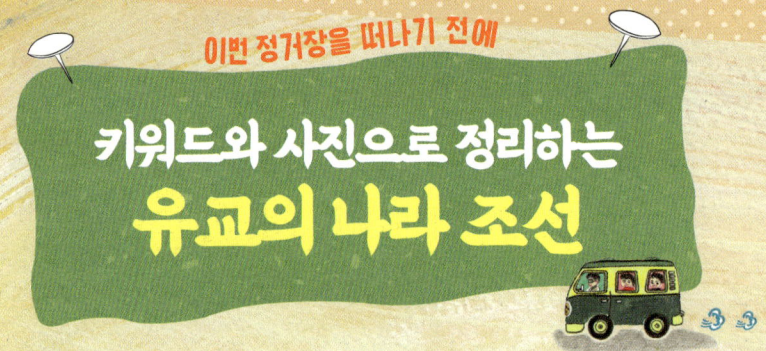

이번 정거장을 떠나기 전에
키워드와 사진으로 정리하는 유교의 나라 조선

★ 조선을 대표하는 궁궐들

지금 서울에는 조선 시대의 궁궐 다섯 군데가 남아 있어요. 바로 경복궁과 창덕궁, 창경궁, 경희궁, 경운궁(덕수궁)이지요.

그중 경운궁은 대한 제국의 역사가 그대로 담긴 곳이에요. 고종은 경운궁에서 대한 제국을 선포하고 황제 즉위식을 가졌지요. 하지만 경운궁은 곧 덕수궁으로 이름이 바뀐답니다. 일본이 고종의 황제 자리를 강제로 빼앗고, 그의 아들인 순종마저 창덕궁으로 옮기게 하면서 경운궁이 덕수궁으로 불리게 된 거예요. '덕수'란 자리에서 물러난 왕이 덕을 누리며 오래 살라는 뜻이지요.

조선 시대 왕은 대체로 두 곳의 궁궐을 이용했어요. 국왕이 주로 생활하며 공식 업무를 보는 곳을 '법궁'이라고 했고, 가끔 특별한 일이 생기면 임시로 머물던 '이궁'도 따

덕수궁의 정문인 대한문
시청 옆에 자리 잡고 있는 이 궁궐의 원래 이름은 경운궁이지만 지금은 덕수궁으로 불러요.

로 두었지요. 또 궁궐은 내전과 외전, 동궁으로 나뉘어 있었어요. 내전에서는 왕과 왕비가 생활하며 일을 보고, 외전에서는 국왕이 신하들을 만나 공식적인 행사나 연회 등을 열었어요. 동궁은 왕위를 이을 세자가 생활하는 곳이었어요. 세자는 동쪽에서 떠오르는 태양과 같다는 의미에서 세자가 지내는 동궁은 주로 궁궐의 동쪽에 위치해 있었답니다.

★ 조선의 역사를 한데 담은 조선왕조실록

조선왕조실록은 조선을 세운 태조부터 철종에 이르기까지 472년 동안 조선 조정의 중요한 사건들을 국왕별로 기록한 역사책이에요.

'실록'이란 사실을 기록한다는 뜻이에요. 이러한 실록을 남긴 이유는 역사를 기록으로 남겨 후손들이 교훈과 모범으로 삼도록 하기 위해서였어요. 특히 조선왕조실록은 25명의 국왕이 재위한 17만 2천여 일의 기록을 모두 담은 것으로 총 1,707권에 이르는 어마어마한 분량이랍니다.

조선 시대 사관들은 조정에서 일어나는 일이나 국왕의 언행을 빠짐없이 기록했어요. 이 기록을 '사초'라고 하지요. 사초는 국왕이라도 마음대로 볼 수 없었어요. 국왕이 사초를 보게 되면 국왕의 잘못 등을 제대로 기록하거나 비판할 수 없기 때문이었지요. 조선왕조실록은 다른 역사책처럼 단순히 사실을 기록한 데에서 그치지 않고, 중요한 사건에 대한 사관의 비판도 들어 있어요. 또 조선의 역사뿐만 아니라 중국이나 몽골, 만주, 일본 등 주변 나라에 대한 기록도 있어 오늘날까지 아주 중요한 자료로 여겨진답니다.

조선왕조실록
조선왕조실록은 그 중요성을 인정받아 1997년에 유네스코 세계 기록 유산으로도 지정되었어요.

★ 조선의 4대 화가인 안견, 정선, 김홍도, 신윤복

안견과 정선, 김홍도, 신윤복은 조선 시대의 4대 화가로 불려요.

안견은 〈몽유도원도〉라는 산수화로 잘 알려져 있지요. 이 그림은 세종의 셋째 아들인 안평 대군이 꿈에서 본 이상향의 모습을 안견에게 설명하여 그리게 한 것이랍니다. '도원'은 이상향이라는 뜻으로 현실 세계에서 왕자로서의 고민과 갈등으로부터 벗어나 이상적인 무릉도원으로 가고 싶어 하는 심경이 담겨 있어요.

정선은 조선 후기 진경 산수화의 대가예요. 조선 전기에는 중국의 산수를 그대로 모방해 그리는 일이 많았는데, 정선은 중국의 산수가 아닌 우리나라의 산수와 자연을 있는 그대로 그려 냈어요. 그래서 '진경'이라 부른답니다.

조선 후기에는 서민들의 생활상을 담은 풍속

정선의 산수도

김홍도의 서당

신윤복의 연당의 여인

화도 유행했어요. 그중 김홍도는 서민들의 일상생활을 담은 풍속화를 많이 남겼어요. 당시 김홍도와 쌍벽을 이루었던 화가 신윤복은 양반들의 풍류나 부녀자의 풍습, 남녀의 애정 등을 섬세하고 노골적으로 그려 냈지요.

★《동의보감》을 남긴 조선의 명의 허준

임진왜란 당시 왕의 주치의이자 명의였던 허준이 쓴 《동의보감》은 동양 최고의 의학 백과사전으로, 2009년 유네스코 세계 기록 유산에 등재되었어요. 이 책은 전쟁 중에 전염병과 질병이 널리 퍼져 많은 사람들이 죽자, 쉬운 의학 지식이나 치료법, 약물 재료 등을 정리해 일반 백성들이 사용할 수 있도록 하기 위해 펴낸 것이었지요.

《동의보감》에서는 각종 병의 증상을 정리한 다음, 전통 약재를 사용한 치료법을 소개하고 있어요. 또 당시 아시아 지역의 의학 지식을 체계적으로 정리해 4,000여 개가 넘는 처방을 적었지요. 이 책은 처음 나오자마자 중국과 일본에까지 널리 퍼져 의사들의 필독서가 되었고, 일본에서는 의학 교과서로도 쓰였어요. 그리고 오늘날 의학 발전에도 도움을 주고 있을 정도로 뛰어난 의학서로 꼽혀요.

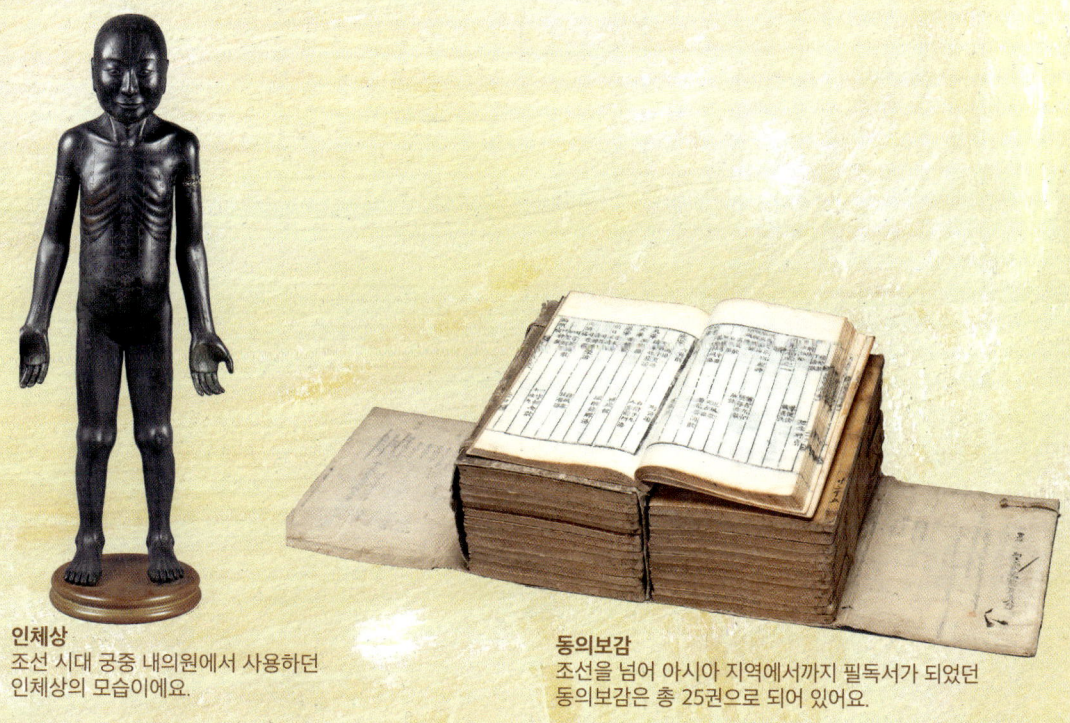

인체상
조선 시대 궁중 내의원에서 사용하던 인체상의 모습이에요.

동의보감
조선을 넘어 아시아 지역에서까지 필독서가 되었던 동의보감은 총 25권으로 되어 있어요.

격변하는 세계와 우리나라

일제 강점기에서 민주화 시대까지

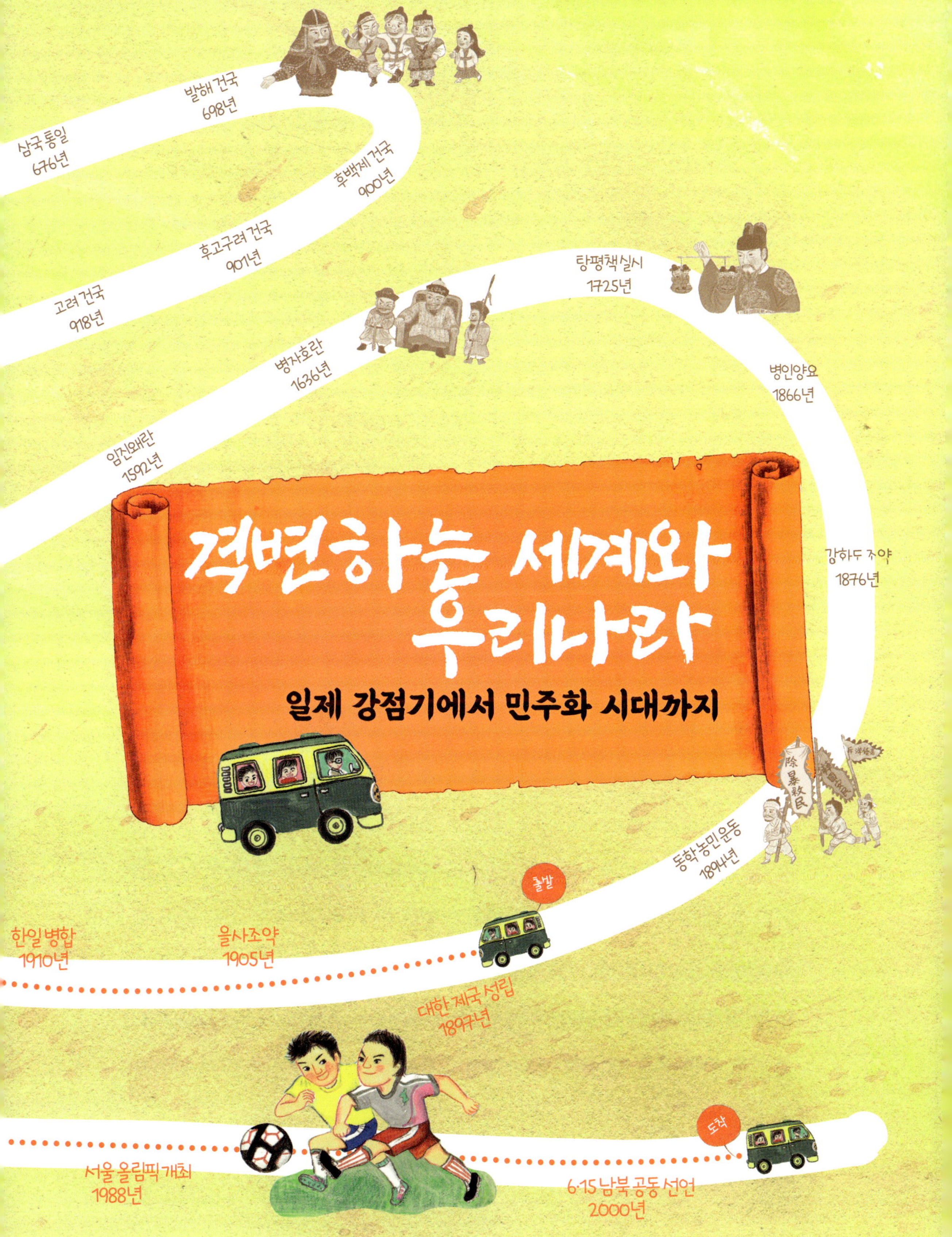

삼국 통일
676년
발해 건국
698년
후백제 건국
900년
후고구려 건국
901년
고려 건국
918년
임진왜란
1592년
병자호란
1636년
탕평책 실시
1725년
병인양요
1866년
강화도 조약
1876년
除暴救民
동학 농민 운동
1894년
출발
대한 제국 성립
1897년
을사조약
1905년
한일 병합
1910년
서울 올림픽 개최
1988년
6·15 남북 공동 선언
2000년
도착

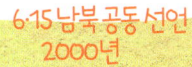

34 일본이 조선의 외교권을 박탈했어요

**1897년부터 1910년까지
대한 제국의 성립과 한일 병합**

이번 정거장은 대한 제국 정거장이란다. 오랫동안 역사를 이어 오던 조선이 대한 제국으로 바뀌게 된 거야. 그 역사 속으로 버스를 타고 떠나 보자.

러시아 공사관으로 몸을 피했던 고종은 다시 경운궁(덕수궁)으로 돌아오게 돼. 그리고 1897년 8월, 나라 이름을 대한 제국으로 바꾸고 스스로를 황제라고 칭하며 황제 즉위식을 올린단다. 황제로서 강력한 권한을 갖고 외세의 간섭에서 벗어나 자주독립의 근대 국가를 세우겠다는 의도였지. 하지만 러시아와 일본은 우리나라의 군사와 경제 문제에

174

 이미 깊이 개입하고 있었어. 결국 고종의 바람은 실현되지 못했단다.
 드디어 일본은 우리나라를 본격적으로 침략하기 시작했어. 일본은 조선을 두고 러시아와 전쟁을 벌인 뒤 맺은 포츠머스 조약에서 '일본은 한국에 대해 정치적, 군사적, 경제적으로 특별 권리를 가진다.'라고 정했단다. 이 조약은 일본이 우리 국권을 강탈하는 데 중요한 역할을 했어. 일본의 욕심은 1905년 을사조약에서도 분명히 드러났어. 을사조약에는 일본이 우리나라를 보호하는 구실로 외교권을 빼앗고, 서울에 통감부를 두어 우리나라의 모든 일을 일본이 도맡아 한다는 내용이 들

어 있단다. 외교권이 없다는 것은 어떤 의미일까? 바로 국제 사회에서 나라로서 인정을 받지 못한다는 뜻이야. 사실상 나라를 잃게 되는 것이지.

대한 제국을 일본의 식민지로 만드는 데 앞장섰던 이토 히로부미는 일본군을 데리고 경운궁으로 가 고종과 대한 제국 대신들에게 을사조약에 서명하라고 강요했어. 하지만 고종은 끝까지 서명하지 않았단다. 그런데 이때 일본의 편을 들며 조약 체결에 찬성한 대한 제국의 대신들이 있었어. 바로 이지용, 이근택, 박제순, 이완용, 권중현이야. 이 5명의 친일파들을 '을사오적'이라고 불러.

반면 을사조약에 끝내 반대한 대신들도 있었어. 고종을 호위하던 민영환은 을사조약에 반대해 스스로 목숨을 끊었어. 장지연은 <황성신문>에 일본의 침략을 비난하는 '시일야방성대곡'이라는 글을 실었고 민종식, 최익현, 신돌석 등은 의병을 일으키기도 했어.

하지만 일본은 친일파와 군대, 경찰을 앞세워 우리나라를 식민지로

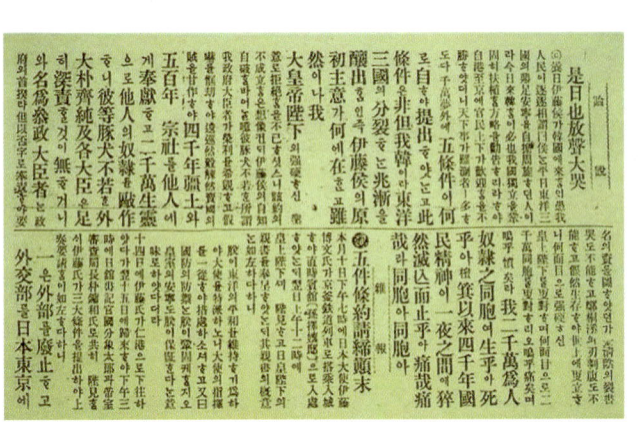

이 글 때문에 장지연은 체포되고 신문은 발행이 중단되었어

시일야방성대곡에 대한 기사
<황성신문>에 실린 장지연의 글로, 일본의 침략과 을사오적을 비판하고 있어요.

만드는 작업을 착착 진행해 갔단다. 그리고 1910년 8월 대한 제국의 마지막 황제 순종을 위협해 '한일 합방 조약'을 강제로 체결했어. 하지만 이 조약은 동등한 자격으로 두 나라가 합쳐진 '합병'이 아니라 국권을 강압적으로 빼앗은 강제 병합이었어. 이 조약은 1910년 8월 22일 이완용 총리 대신과 데라우치 통감이 서명했지만, 일주일 동안 발표하지 않고 있다가 조약에 반발할 만한 항일 단체와 애국지사들을 모두 체포하고 나서야 발표했어. 이로써 우리나라는 암흑과 수난의 일제 통치 시대로 접어들었단다.

이번 정거장에서 더 알아보기

헤이그 밀사

1907년 네덜란드 헤이그에서는 만국 평화 회의가 열렸어요. 고종은 이 회의에 세 명의 밀사를 보내 일본의 대한 제국 침략을 전 세계에 널리 알리도록 했어요. 하지만 일본의 방해로 이들은 결국 회의에 참석하지 못했답니다.

민족의 독립 의지를 알린 안중근

의병장으로서 나라 안팎에서 활동하던 안중근은 1909년 우리나라를 침략하는 데 앞장섰던 이토 히로부미를 권총으로 쏘았어요. 안중근은 체포되었지만 재판을 하는 내내 일본의 만행을 낱낱이 꾸짖어 민족의 독립 의지를 널리 알렸어요.

3·1 운동

1919년 3월 1일, 천도교와 기독교, 불교를 대표하는 민족 지도자 33명은 독립 선언식을 가졌어요. 또 같은 시각 학생과 시민들은 탑골 공원에서 독립 선언서를 낭독한 뒤 태극기를 흔들며 독립 만세를 외쳤지요. 이렇게 시작된 만세 시위는 그해 5월 말까지 국내외에서 모두 202만 3,098명이 참가한 가운데 1,542회나 열렸어요. 온 민족이 함께한 최대 규모의 독립운동이었지요.

35 독립운동이 활발히 일어났어요

19세기 말부터 20세기 초까지 국내외의 항일 독립운동

3·1 운동이 일어난 다음 국내외에서의 독립운동은 더욱 활발해졌어. 만주와 연해주 일대를 중심으로 활동했던 독립군들은 무장 독립 전쟁을 일으켰고, 애국지사들은 곳곳에서 의거 활동을 벌였지. 또 학생들 역시 힘을 모아 항일 운동을 진행해 나갔어.

그중 먼저 무장 독립 전쟁이 일어나던 곳으로 떠나 볼까? 일제는 우리 민족을 무자비하게 탄압하고 나중에는 민족정신까지 말살하려 했어. 무력을 앞세운 일본을 상대하기 위해서는 우리 역시 총과 폭탄을

들고 싸울 수밖에 없었단다. 당시 백두산 북쪽의 만주 지역인 간도와 연해주에는 우리 농민들이 많이 살고 있었지. 주로 일제의 침략과 수탈을 견디다 못해 건너간 사람들이었어.

  이러한 역사를 지닌 만주 지역은 점차 항일 운동의 근거지가 되었단다. 특히 간도와 연해주에서는 여러 독립군 부대가 만들어졌지. 이곳의 독립군은 일본군과 치열하게 싸우며 곳곳에서 승리를 거두었어. 특히 1920년 봉오동과 청산리에서의 승리는 우리 민족에게 큰 용기와 희망이 되었단다.

하지만 1937년 일제가 중국까지 침략하면서 우리 독립군 부대는 어려움을 겪었어. 이때 대한민국 임시 정부는 더욱 강력한 군대인 한국광복군을 만들어 냈어. 그리고 이듬해 한국광복군은 영국군이나 중국군 등 연합군과 손잡고 일본군과 싸웠지.

애국지사들의 의거 활동도 계속되었어. 이들은 일제의 우두머리나 통치 시설을 습격해 독립 의지를 알렸단다. 대한노인단 단원이었던 강우규는 65세의 나이로 서울역에서 사이토 총독에게 폭탄을 던졌고, 의열단의 김익상과 김상옥, 나석주는 우리 민족을 괴롭히던 조선 총독부와 종로 경찰서, 동양 척식 주식회사를 각각 공격했어. 또 김구가 지휘했던 한인애국단의 단원인 이봉창과 윤봉길 역시 1932년에 의거를 일으켜 독립 의지를 널리 알렸어.

학생 시위 운동에 대한 기사

당시 광주 학생 항일 운동을 비롯한 학생들의 시위 운동에 대해 쓴 신문 기사야.

나라 안에서는 학생들의 항일 운동이 일어났어. 1929년 11월 3일 전라남도 광주에서는 학생 시위가 크게 일어났단다. 일본인 학생이 한국인 여학생을 괴롭힌 사건을 계기로 일제의 식민 지배에 반대하는 거센 움직임이 일어난 것이었지. 나중에는 일반 시민들도 참여하면서 전국적으로 시위가 번져 갔어. 이 운동이 바로 '광주 학생 항일 운동'이야.

대한 제국의 마지막 황제인 순종의 장례일인 1926년 6월 10일에도 만세 시위가 벌어졌어. 바로 '6·10 만세 운동'이야. 일본 경찰들은 무자비하게 시위대를 진압했지만, 이 시위는 3·1 운동 뒤에 다시 한번 거세게 불붙은 독립 의지를 세상에 널리 보여 주었단다.

이번 정거장에서 더 알아보기

이봉창과 윤봉길의 의거

한인애국단의 단원이었던 이봉창은 1932년 1월 8일, 일본 왕 히로히토의 마차 행렬에 수류탄을 던졌어요. 그러고는 태극기를 흔들며 '조선 독립 만세'를 외쳤답니다. 이봉창은 그 사건으로 체포되어 죽음을 맞았어요. 같은 해 4월 29일에는 같은 단체의 윤봉길이 중국 상하이 훙커우 공원(오늘날 루쉰 공원)에서 열린 일본군의 상하이 점령 축하 기념식장에 폭탄을 던졌어요. 이것으로 일본 군부와 정계 인사 7명을 쓰러뜨렸지요.

종군 위안부와 정신대

일본은 1930년대 초부터 한국과 중국, 필리핀 등의 젊은 여성들을 강제로 전쟁터로 끌고 갔어요. 그러고는 일본군의 노리개로 삼는 만행을 저질렀지요. 여기에 끌려간 여성들을 '종군 위안부'라고 해요. 하지만 일본은 이러한 만행에 대해 아직도 진심 어린 반성을 하거나 책임지는 모습을 보이지 않고 있어요. 일제는 또 전쟁이 끝나갈 무렵인 1944년부터 부녀자들을 강제로 공장에 보내 전쟁 물자를 만들게도 했어요. 이 여성들은 '근로 정신대' 또는 '정신대'로 부르지요.

36 우리나라가 광복을 맞았어요

1945년
8·15 광복과 미국과 소련의 군사 정부 수립

1945년 8월 15일, 우리나라는 꿈에도 그리던 광복을 맞이했단다. 35년 동안 일제의 식민 통치에 시달리던 사람들은 얼마나 기뻤는지 저마다 거리로 뛰쳐나와 만세를 불렀어. 하지만 광복의 기쁨도 잠시, 우리에게는 또 다른 시련이 닥쳤지. 광복이 나라의 독립이 아니라 민족의 분단으로 이어진 거야. 왜 그랬을까? 그때로 함께 떠나 볼까?

광복은 우리의 힘으로 이루어진 게 아니었단다. 일본이 태평양 전쟁에서 미국과 소련 등 연합국에게 지면서 자연스레 우리나라도 광복이

되었어. 그러다 보니 미국과 소련은 전쟁에서 이긴 나라로서 권리를 주장하며 한반도의 주인 행세를 하려 했지. 그리고 한반도의 미래까지 자기들에게 유리하도록 결정하려 했어.

  이들은 일본군들을 한반도에서 몰아낸다며 자기네들 군사를 보냈어. 먼저 소련군이 한반도 북쪽으로 들어오자, 이에 질세라 미국도 남쪽으로 군사를 들여보냈지. 그러고서 미국과 소련 두 나라는 한반도 중간 지역인 북위 38도선을 기준으로 선을 그어 북쪽은 소련이 남쪽은 미국이 나누어 맡기로 했어.

미국은 소련에게 한반도 전체를 내주는 것보다 서로 절반씩 나누는 게 낫다고 생각한 거야. 이처럼 38선을 그은 것은 우리 민족을 분단시키는 비극의 시작이 되었단다.

우리의 희망과는 다르게 미국과 소련은 각자 한반도에 군사 정부를 세웠어. 그리고 자기들에게 유리한 자본주의 체제와 공산주의 체제를 각각 남쪽과 북쪽에 가져왔지. 하지만 미국은 이미 세워져 있던 대한민국 임시 정부는 물론 독립 정부를 만들기 위해 여운형 등이 마련한 조선 건국 준비 위원회는 인정하지 않았어. 한편 북쪽의 소련은 김일성을 앞세워 공산주의 체제를 다져 나갔지.

이런 상황 속에서 1945년 12월, 모스크바에서는 전쟁에서 승리한 미국, 영국, 소련의 3국 외무 장관들이 모여 한반도 문제를 논의했어. 이를 '모스크바 삼상 회의'라고 한단다. 이 회의에서는 우리나라 정부 수립을 위한 미국과 소련의 공동 위원회를 설치한 다음, 임시적인 한국 민주 정부를 수립하고, 미국, 영국, 중국, 소련 이 네 나라가 5년간 한국을 신탁 통치할지를 다시 결정하기로 했어. 신탁 통치란 독립할 능력이 없는 나라를 다른 강대국이 일정 기간 통치하는 것을 말해.

그런데 당시 한 신문에서는 모스크바 삼상 회의에서 소련이 신탁 통치를 주장했으며, 미국은 한반도의 독립을 주장했다고 알렸지. 신탁 통치가 아주 결정된 것도 아니었고, 더구나 신탁 통치를 먼저 제안한 것은 미국이었는데 말이야. 그러자 해방 후 자주 독립 국가를 이룰 꿈을 갖고 있었던 우리나라 사람들은 충격에 휩싸였어. 곧 신탁 통치를 반대하는 운동이 크게 벌어졌지.

하지만 얼마 뒤, 이 신문의 보도가 잘못되었다는 것을 알게 된 일부 사람들은 다시 신탁 통치를 찬성한다고 주장했어. 좀 더 정확히 말하자면 모스크바 삼상 회의의 내용을 지지한다는 뜻이었어. 이 회의에 따르면 어쨌든 우리나라가 자주 임시 정부를 수립할 수 있을 거라고 생각했으니까.

그렇게 한반도는 신탁 통치를 찬성하는 사람과 반대하는 사람으로 나뉘어 격렬하게 싸우게 되었어. 이 문제는 나아가 우리나라 사람들을 미국 지지자와 소련 지지자로 갈라놓기까지 했단다. 예전에는 우리 민족의 자주적 독립이 가장 중요했는데, 이제는 미국(자본주의)이냐, 소련(공산주의)이냐가 더 중요해진 것이었어.

그렇게 광복의 기쁨도 잠시, 한반도는 극심한 혼란으로 빠져들기 시작했단다.

이번 정거장에서 더 알아보기

미·소 공동 위원회

모스크바 삼상 회의는 한국의 임시 민주 정부 수립을 위해 남쪽의 미군 대표, 북쪽의 소련군 대표가 모여 미·소 공위를 열도록 했어요. 이에 따라 1946년 3월 덕수궁에서 제1차 미·소 공동 위원회가 열렸지요. 하지만 임시 정부를 수립하는 데 어떤 단체를 포함시킬 것이냐를 두고 양국은 처음부터 대립했어요. 소련은 삼상 회의 결정에 반대하는 정당이나 단체를 포함시킬 수 없다고 했지요. 미국을 지지하는 쪽을 견제하기 위해서였어요. 그 뒤 2차 회담에서도 이러한 의견이 좁혀지지 않았어요. 결국 미·소 공동 위원회는 성과 없이 끝났지요. 이러한 일들은 당시 미국과 소련이 각각 자본주의와 공산주의의 맹주로서 서로 영향력을 넓히려고 치열하게 대립하고 경쟁하던 모습을 보여 줍니다.

37 대한민국 정부가 수립되었어요

1948년부터 1950년까지
대한민국 정부 수립과 남북의 정치적 혼란

1948년 8월, 드디어 대한민국 정부가 세워졌어. 하지만 많은 국민들이 염원하던 남과 북의 통일 정부는 아니었단다. 38선 남쪽에만 정부가 세워진 거야. 왜 그렇게 되었는지 이로부터 1년 전으로 거슬러 올라가 볼까?

당시 미국과 소련은 전 세계적으로 서로 자신들의 세력을 더 넓히려고 치열하게 경쟁했단다. 이처럼 미국과 소련이 경쟁을 벌인 지역 가운데 하나가 바로 우리나라였어. 한반도를 어떻게 할 것이냐를 두고 미국과 소련은 미·소 공동 위원회를 만들어 회의를 열었지만 각자 자

기 주장만 하는 바람에 결국 결렬되었어. 1947년 9월 미국은 한반도 문제를 유엔(국제 연합)에 맡기기로 결정했단다. 그러나 이 또한 미국에 유리한 결정이었어. 미국은 한반도에서의 세력 다툼에서 유리해지기 위해 자기들이 주도권을 쥐고 있는 유엔으로 한반도 문제를 넘긴 것이었지. 그리고 그해 11월 유엔 총회는 한국 임시 위원단을 만들어 유엔의 감시 아래 남북 총선거를 열도록 했어.

하지만 소련은 이에 반대했단다. 소련은 미군과 소련군이 한반도에서 먼저 떠나고 한국이 자주적으로 임시 정부를 세워야 한다는 주장을 내세웠지. 그러고는 한국 임시 위원단이 38선 북쪽으로 들어오는 것을 막았어. 그러자 미국은 유엔과 논의해 38선 남쪽에서만 선거를 치르도록 했단다. 정부를 세우는 데 필요한 총선거는 1948년 5월 10일로 결정되었지.

남북으로 나눠진 상태에서 남쪽만의 선거는 곧 남쪽만의 정부가 들어선다는 의미였어. 또 이것은 한반도가 분단된다는 뜻이기도 했지. 선거 소식이 알려지자 대부분의 정치가와 사람들은 이를 완강하게 반대했어.

무엇보다 통일된 나라를 간절히 원하던 김구와 김규식 등은 38선을 넘어 직접 북한의 평양으로 갔어.

정부 수립 기념식
1948년 이승만을 대통령으로 하는 대한민국 정부가 세워졌어요.
그 기념식 장면이에요.

하지만 이 정부는 남한만의 것이었지. 그러니까 이제 한반도는 둘로 분단된 거야.

그곳에서 김일성을 비롯한 북쪽 정치가들과 통일 정부를 위한 회의를 했지. 이 회의에서는 미군과 소련군이 한반도에서 떠나도록 하고, 남쪽의 단독 선거도 하지 않기로 결정했단다. 하지만 이러한 노력과 결정은 빛을 보지 못했어.

결국 남쪽에서만 총선거가 열려 초대 국회의원을 뽑고, 8월 15일에는 이승만을 대통령으로 하는 대한민국 정부가 세워졌지. 북쪽에서도 1948년 9월 9일 조선민주주의인민공화국이 수립됐어. 이렇게 해서 한반도의 땅과 민족은 둘로 나뉘게 되었단다.

이번 정거장에서 더 알아보기

북쪽의 정부 수립

북쪽에서는 김일성이 새 정부를 세우는 작업을 빠르게 해 나갔어요. 소련군의 지원을 받은 김일성은 1946년 2월 북조선 임시 인민 위원회를 세우고는 그 이듬해부터 토지 개혁을 실시했어요. 김일성은 토지 개혁으로 조선 총독부와 일본인, 친일 민족 반역자, 지주 등이 가진 땅을 빼앗아 농민들에게 나누어 주었어요. 1948년에 들어서는 조선 인민군을 만들고 헌법 초안을 마련한 뒤, 그해 8월 25일의 총선거 결과로 구성된 최고 인민 회의에서 헌법을 제정했어요. 이어 김일성을 초대 수상으로 하는 정부를 구성하고 정부 수립을 선포했지요.

38 6·25 전쟁이 일어났어요

**1950년부터 1953년까지
한국 전쟁 발발**

　　　　　　남쪽과 북쪽에 각각 정부가 세워진 지 2년 만이었어. 한반도에서는 남과 북이 전쟁을 하게 된단다. 한민족이 서로 갈라서게 된 것도 슬픈데, 어찌 서로 총부리까지 겨누게 되었을까? 그 슬픈 전쟁터로 버스를 타고 함께 떠나 보자.

　1950년 6월 25일 일요일 새벽 4시쯤이었어. 북한 인민군 10만 명이 대포와 탱크를 앞세우고 38선을 넘어 남쪽으로 내려왔단다. 인민군은 사흘 만에 서울을 점령하고, 7월 하순에는 경상도 일부 지역을 뺀 남한의 모든 지역을 차지했어. 전쟁이 남한에 불리해지자 미국의 주도로

 남한에 유엔군이 들어왔어. 그리고 미국은 '침략군을 38선 이북으로 몰아내 평화를 되찾아야 한다.'며 유엔군을 주도했지. 유엔군에는 미국과 영국, 오스트레일리아, 네덜란드, 캐나다, 터키, 필리핀, 남아프리카 공화국 등 모두 16개국이 참여했단다.

 국군과 유엔군은 인천 상륙 작전으로 1950년 9월 28일 서울을 되찾은 뒤, 11월에는 압록강까지 올라갔어. 그러자 이번에는 중국이 100만 명의 군대를 보내 전쟁에 끼어들었지. 이 무렵 중국은 북한과 군사 비밀 협정을 맺고 있었거든. 중국은 소련과 함께 대표적인 공산주의 국가로, 자본주의 진영인 미국과는 냉전 상태였어. 이처럼 6·25 전쟁은 제2차 세계 대전 뒤, 자본주의 진영과 공산주의 진영이 서로 세력을 다투는 과정에서 처음으로 맞붙은 전쟁이란다.

중국군이 바닷물처럼 끊임없이 밀려오자 국군과 유엔군은 당해 낼 도리가 없었어. 결국 국군과 유엔군은 평양과 흥남을 내주고, 1951년 1월 4일에는 서울에서도 후퇴하게 돼. 그 뒤 국군과 유엔군은 다시 서울을 되찾았어. 그리고 전쟁은 38선을 사이에 두고 남과 북이 서로 밀고 당기는 식으로 계속되었지.

이때 북쪽의 흥남과 원산 등의 항구는 폭격을 피해 남쪽으로 피난하려는 주민들로 북새통을 이뤘어. 부모나 자식, 형제끼리 생사도 모른 채 생이별하는 가족도 무수히 많았지. 오랫동안 살아오던 평화로운 삶

남한은 전쟁의 당사자임에도 휴전 회담에 결국 참가하지 못했어. 그래 한국군마저 미국에 다 넘겨 버렸거든.

휴전 회담
미국과 중국, 북한의 대표들이 모여 휴전 회담을 하고 있어요.

터가 처참하게 파괴된 것은 말할 것도 없었어.

  전쟁이 일어난 지 1년 남짓 지난 1951년 7월 10일, 마침내 미국과 중국, 북한의 휴전 회담이 열렸단다. 어느 쪽도 한반도 전체를 차지하기는 쉽지 않다고 판단했거든. 휴전 회담이 열리고 2년이 지나 1953년 7월 27일에는 휴전 협정이 체결됐어. 하지만 휴전 회담이 진행되는 동안에도 국군과 인민군은 38선을 사이에 두고 싸움을 멈추지 않았지. 그 결과 휴전 협정 당시 그어진 지금의 휴전선은 원래의 38선보다 동쪽은 북으로 올라갔고, 서쪽은 남으로 내려왔어.

  6·25 전쟁은 이제 끝난 걸까? 아니야. 지금도 계속되고 있는 것이나 마찬가지란다. 남북은 여전히 1953년 당시 휴전 협정 상태에 머물러 있거든. 6·25 전쟁은 어느 날 갑자기 터진 것이 아니야. 해방된 다음 미국과 소련의 세력 다툼 속에 한반도의 사람들도 서로 편을 나누어 대립하고 불신을 키워 나갔단다. 6·25 전쟁은 그러한 상황 속에서 일어난 비참한 사건이었지.

> **이번 정거장에서 더 알아보기**
>
> **6·25 전쟁의 피해**
>
> 6·25 전쟁은 우리 민족에게 엄청난 피해를 입혔어요. 국군은 99만 명, 인민군은 51만 명이나 목숨을 잃었지요. 여기에 유엔군과 중국군을 포함하면 사상자는 240만 명이나 되었어요. 일반 주민의 피해는 더 컸어요. 같은 지역이라도 점령군이 바뀔 때마다 주민들이 학살당하는 일이 많았거든요. 전쟁고아도 10만 명이 넘었어요. 서울과 평양을 비롯해 전국은 폐허로 변했답니다. 또한 전쟁으로 인한 증오와 불신의 벽이 전쟁이 끝난 뒤에도 남과 북을 굳게 가로막았지요.

39 민주화 투쟁이 일어났어요

**1960년부터 1987년까지
독재 권력에 대항한 민주화 투쟁**

　　　　　　이번 정거장은 1960년 4월 19일이야. 서울 광화문에서는 대학생과 중·고등학생, 시민 등 10만 명이 모여 시위를 벌였어. "부정 선거 다시 하라!", "독재 정권을 무너뜨리자!"라고 외치며 말이야.

　그러다 시위대 중 몇 명이 이승만 대통령이 있는 경무대 쪽으로 달려가는 순간이었어. 경찰은 시위대를 향해 마구 총을 쏘았단다. 맨손으로 시위하는 시민들에게 총을 쏘다니 너무하지 않니? 그래도 시위대는 물러가지 않고 꿋꿋이 시위를 이어 갔어. 이날 하루 경찰의 총에 맞아

숨진 사람은 100여 명이나 되었고 1천여 명이 다쳤단다. 이 일이 바로 4·19 혁명이야. 왜 사람들은 이렇게 죽거나 다치는 것을 무릅쓰고 시위에 나선 걸까?

4·19 혁명의 직접적인 계기가 된 것은 3월 15일에 있었던 대통령과 부통령 선거였어. 이 선거에서는 자유당의 이승만과 이기붕 후보가 각각 대통령과 부통령으로 당선되었지. 하지만 당시 선거에는 문제가 있었어.

이들은 자유당 후보를 지지하는 표를 선거 전에 미리 투표함에 넣어

국립 4·19 민주 묘지 전경

두거나, 자유당 후보를 찍도록 사람들을 감시하고, 사람들에게 자유당 후보를 찍으라며 돈을 주기도 하는 등 온갖 부정을 다 저질렀어. 이를 3·15 부정 선거라고 해. 자신의 뜻에 따라 오랫동안 권력을 휘두르며 마음대로 나라를 다스리려는 이승만의 독재에 사람들은 분노했어. 그러고는 경상남도 마산에서 부정 선거에 항의하는 첫 시위가 벌어졌단다. 그러자 경찰은 시위하는 학생과 시민들에게 총을 쏴 80여 명을 죽거나 다치게 했어.

첫 시위가 있은 지 얼마 뒤였어. 마산 앞바다에서 한쪽 눈에 시위 진압용 최루탄이 박힌 채 숨진 고등학생 김주열의 시신이 발견되었단다. 시위에 참여한 뒤 실종되었던 이 16세 소년은 경찰이 죽인 것이었어. 이 사건으로 시위는 전국 곳곳으로 거세게 번지기 시작했지. 그리고

4월 19일에 학생과 시민들의 시위는 절정을 이루었어.

부정 선거에 항의하는 학생과 시민들의 목소리는 여기서 그치지 않았어. 시위는 곧 이승만 퇴진 운동으로 모아졌단다. 시위가 걷잡을 수 없이 퍼져 나가자 이승만 정권은 계엄령을 선포하고 모든 학교에 임시 휴교령을 내렸어. '계엄령'이란 나라에 비상 상황이 생겼을 때 사회 안전과 질서 유지를 위해 군인이 치안을 맡는 것을 말해. 경찰뿐 아니라 군인까지 나서서 시위를 막도록 한 것이지.

하지만 한번 터져 나온 국민의 분노는 쉽게 사그라지지 않았어. 마침내 이승만은 대통령 자리에서 물러나겠다고 발표했단다.

4·19 혁명은 아시아에서는 처음으로 학생과 시민의 힘으로 독재 정권을 무너뜨린 사건이야. 그러나 시위에 참여한 학생과 시민 186명이 숨지고, 6천여 명이 다치는 등 많은 사람들이 희생되었지. 지금도 국립 4·19 민주 묘지에는 당시 희생자들의 넋을 기리는 발길이 끊이지 않고 있어.

이번 정거장에서 더 알아보기

5·16 군사 쿠데타

이승만이 물러난 뒤 우리나라는 헌법을 개정해 대통령제 대신 국회가 중심이 되는 내각 책임제를 채택했어요. 그 뒤 국회의원 총선거를 열어 국무총리를 뽑았지요. 하지만 이 내각은 9개월 만에 무너졌어요. 1961년 5월 16일 박정희를 비롯한 일부 군인들이 쿠데타를 일으켜 정권을 차지했거든요. '쿠데타'란 무력으로 정권을 빼앗는 것을 말해요. 쿠데타에 성공한 박정희는 1963년 12월 대통령에 오른 뒤 1979년 10월 26일까지 대통령 자리에 있었어요. 오랜 시간 동안 군사 독재를 한 것이지요. 박정희는 우리나라 경제 발전에 큰 역할을 했지만 국민의 자유와 인권, 민주주의를 억압했답니다.

40 통일을 위한 노력이 필요해요

21세기
남북통일과 민족 통합을 위한 과제

　　　　　　벌써 한국사 여행의 마지막 정거장이야. 이 책에서는 여기가 마지막이지만 앞으로 여러분은 살아가면서 계속 새로운 역사 정거장을 만들겠지? 역사는 사람들의 어제와 오늘, 그리고 내일의 살아가는 이야기를 묶어 놓은 것이니까 말이야. 이번 정거장에서는 앞으로 펼쳐질 우리 역사와 우리 민족을 위해 중요한 것이 무엇일지 알아보려고 해.
　　936년에 고려가 후삼국을 통일한 다음 조선을 거치면서 한반도의 사람들은 줄곧 하나의 국가, 하나의 국토에서 모여 살았어. 하지만 일

　제 강점기를 겪고 해방되면서 1,000년 이래 처음으로 남북이 둘로 나뉘는 아픔을 겪어야 했어. 그러고는 60년이 넘도록 한반도는 분단된 상태로 남아 있지. 그러나 앞으로 한반도의 앞날을 생각한다면 남북이 다시 하나가 되는 통일이 꼭 필요해.

　통일이 되면 지금처럼 남과 북이 휴전선을 사이에 두고 총을 겨눌 일이 없어질 거야. 언제 전쟁이 일어날지, 혹시 서로가 해코지를 하지 않을지 걱정하는 일도 없겠지? 남과 북이 서로 더 많은 무기를 갖기 위해 엄청난 군사비를 쏟아 부을 필요도 없어져. 뿐만 아니라 남쪽의 기술과 북쪽의 자원이 하나로 모이면 주변 나라들이 부러워할 정도의 경제 발전을 이룰 수 있을 거야. 6·25 전쟁 때 생이별한 이산가족이 다시 만나 함께 행복하게 살아갈 수도 있겠지?

그러나 통일을 이루겠다고 무력을 내세운다면 전쟁의 비극을 다시 맞게 될 거야. 또 어느 한쪽이 경제적으로 더 낫다고 다른 쪽을 가볍게 여긴다면 통일이 되어도 불만이 생기겠지. 그렇다면 모두가 희망을 나눌 수 있는 통일을 하려면 먼저 무엇을 해야 할까? 무엇보다 60년 이상 떨어져 살면서 생긴 생활의 차이, 생각의 다름을 인정하고, 평화 통일을 목표로 남북의 공통분모를 넓혀 가는 거야.

실제로 남북 사이에는 이러한 노력이 계속되었어. 1971년 대한적십

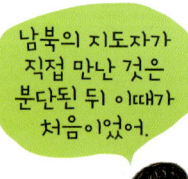

남북 지도자의 첫 만남
2000년 6월, 남한의 김대중 대통령과 북한의 김정일 국방 위원장이 평양에서 만나 악수를 나누었어요.

자사와 북한적십자사 사이에 이산가족 찾기 행사를 위한 첫 남북 회담이 열렸지. 이를 계기로 1972년에는 남과 북이 '7·4 남북 공동 성명'을 발표했어. 성명에는 외세의 간섭 없이 자주적이며 평화적으로 통일을 이루고, 하나의 민족으로서 단결하자는 내용이 담겼단다. 1980년대에는 이산가족이 만나고 탁구와 축구에서 남북 단일팀을 만들어 국제 대회에 나가기도 했단다.

특히 2000년 6월에는 남한의 김대중 대통령과 북한의 김정일 국방 위원장이 평양에서 남북 정상 회담을 갖고 '6·15 남북 공동 선언'을 발표했단다. 남북의 지도자가 만난 건 분단된 뒤 이때가 처음이었어. 이어 2007년 10월에는 남한의 노무현 대통령과 북한의 김정일 국방 위원장이 평양에서 정상 회담을 열어 '남북 관계 발전과 평화 번영을 위한 10·4 공동 선언'을 채택했단다.

통일은 쉽지 않지만 통일로 가기 위한 노력은 멈추지 않고 이어지고 있어. 민족과 국토의 분단, 그리고 이러한 상황 속에서 겪어야 하는 고통을 후손들에게 그대로 넘겨줄 수는 없으니까.

이번 정거장에서 더 알아보기

6·15 남북 공동 선언과 1국가 2체제

통일의 원칙을 밝힌 6·15 남북 공동 선언 두 번째 조항에는 '통일을 위한 남측의 연합제 안과 북측의 낮은 단계의 연방제 안이 서로 공통점이 있다고 인정하고 앞으로 이 방향에서 통일로 나아간다.'라는 내용이 있어요. 이는 남과 북의 체제를 그대로 두고 하나의 연합 국가나 연방 국가로 활동하자는 것이지요. 한 나라에 두 가지 체제가 있는 '1국가 2체제'를 의미하는 거예요.

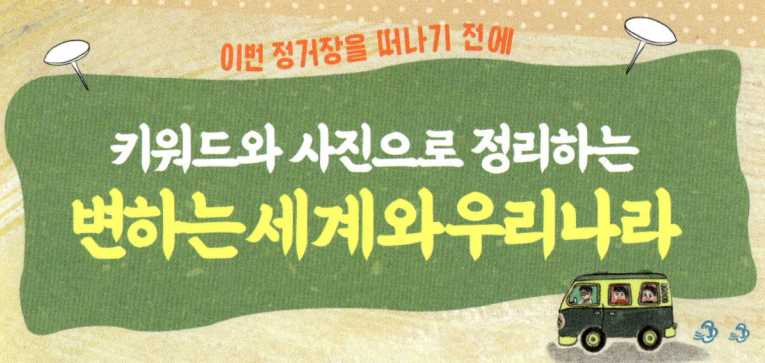

이번 정거장을 떠나기 전에
키워드와 사진으로 정리하는
변하는 세계와 우리나라

★ 고종의 대한 제국 선포

1897년 10월 12일, 고종은 문무백관을 거느리고 지금의 서울 중구 소공동에 위치한 환구단으로 행차했어요. '환구단'은 하늘에 제사를 지내는 제단을 말해요. 고종은 환구단에서 제사를 올리면서 완전한 자주 독립 국가인 대한 제국의 선포식을 가졌어요. 이때부터 조선은 '대한'으로 그 이름이 바뀌었답니다.

또 고종은 국왕 대신 황제가 되었고, 광무라는 독자적인 연호를 정했어요.. 대한 제국이 어느 나라의 속국이 아니고 중국 같은 나라와 격이 같다는 것을 알리기 위한 것이었지요.

고종은 대한 제국 선포를 시작으로 황제 중심의 자주적인 근대 국가를 만들기 위해 황제 권한 강화, 산업 발전, 교육 진흥, 군제 개편 등 여러 가지 개혁 정책을 펼쳤어요. 이를 '광무개혁'이라고 한답니다. 하지만 대한 제국의 꿈은 1910년 일본의 국권 침탈로 안타깝게 무너지고 말았어요.

★ 간도와 백두산 정계비

백두산 북쪽에는 간도라는 지역이 있어요. 지금은 중국 땅이지만 원래 이곳은 고구려와 발해의 영토였기 때문에 조선 시대까지도 우리나라 사람들이 많이 가서 살았어요.

황궁우
환구단의 부속 건물로, 자연신과 황실 조상을 모시던 곳이에요.

특히 조선 숙종 때는 백두산에 우리나라와 중국의 경계를 정하는 정계비를 세우고, 간도를 조선의 영토라고 정했어요. 일제 강점기에도 역시 우리나라의 많은 농민들이 일제의 핍박을 피해 이곳으로 떠났지요. 당시 간도 지역에 살던 우리나라 사람들은 일제의 침략에 맞서 독립운동에 앞장서기도 했어요.

그런데 오늘날 간도는 중국 땅이에요. 우리나라를 강제로 빼앗은 일제가 1909년 간도를 자기들 마음대로 청나라에게 넘겨주고 말았거든요. 그 대가로 일제는 청나라에 철도를 놓을 수 있는 권리를 얻었고요. 이를 '간도 협약'이라고 해요. 이처럼 일제는 우리나라 땅까지 마음대로 팔아넘기는 등 우리에게 많은 피해를 주었답니다.

★ 우리나라의 첫 철도, 화륜거

우리나라에 처음으로 철도가 등장한 것은 1899년이에요. 31킬로미터 길이의 첫 경인선 철도는 서울과 인천을 이었지요. 기관차가 철로를 달리는 모습을 처음 본 사람들은 깜짝 놀랐어요. 걸어서 12시간이나 걸리는 서울 노량진과 인천 제물포 사이를 기관차는 불과 1시간 40분 만에 달렸거든요.

당시 사람들은 불을 내뿜는 수레라는 뜻에서 열차의 이름을 '화륜거'라고 불렀어요. 처음으로 운행하는 경인선 철도를 탄 한 신문 기자는 '화륜거 구르는 소리는 우레와 같아 천지가 진동하고…, 산천초목이 모두 달리는 것 같고, 나는 새도 미처 따라오지 못하더라.'라며 감탄했답니다. 당시 철도는 근대 문명의 상징이었어요. 경인선에 이어 1905년에는 서울과 부산을 잇는 경부선이, 그 이듬해에는 용산과 신의주를 잇는 경의선

우리나라의 첫 철도
경인선 철도의 모습과 경인선 철도가 시작되던 곳에 놓여진 빗돌의 모습이에요.

이 등장했어요. 근대적 교통 기관인 철도는 사람들의 생활을 편리하게 만들었지만, 한편으로는 일제가 우리나라 곳곳을 발 빠르게 침략하는 수단으로도 활용되었지요.

★ 나라를 구하기 위해 벌인 국채 보상 운동

1907년 일제는 우리나라에 '차관'이라는 빚을 강제로 지게 해 우리나라를 마음대로 부리려 했어요. 그리하여 1907년 초 우리나라가 일제에게 갚아야 할 차관은 1,300만 원이나 되었지요. 1906년 우리나라 정부 예산 1,318만 원과 맞먹는 액수였어요.

그러자 우리나라 사람들은 저마다 한 푼 두 푼 모아 나라의 빚을 갚고 일제의 침략을 막으려 했어요. 어떤 사람들은 담배나 술을 끊어 그 돈을 성금으로 내놓았고, 여자들은 반지와 목걸이 등 패물을 내놓았어요. 대구에서 시작된 이 국채 보상 운동은 삽시간에 전국으로 번졌어요. 고종 황제와 관료, 부유층은 물론 노동자, 농민, 군인, 기생, 승려, 학생 등 모두 이 운동에 참여했지요.

그로부터 90년 뒤인 1997년, 우리나라에 외환 위기가 닥치자 사람들은 또다시 자발적으로 금 모으기 운동을 벌였어요. 이때의 금 모으기 운동은 제2의 국채 보상 운동으로도 불린답니다. 수백만 명이 참여한 금 모으기 운동으로 당시 무려 227톤이나 되는 금을 모을 수 있었어요. 이 같은 전 국민의 노력과 고통 분담으로 우리나라는 결국 외환 위기에서 벗어날 수 있었지요.

국채 보상 운동 기념 공원
1907년 대구에서 시작된 국채 보상 운동을 기념하는 공원이에요.

★ 남북통일을 상징하는 한반도기

한반도기는 남북의 평화를 기원하고 통일을 상징하는 깃발로 흰색 바탕에 하늘색 한반도 지도가 그려져 있지요. 한반도기는 1991년 일본에서 열린 세계 탁구 선수권 대회에 처음 선보인 뒤로 각종 국제 대회에서 민요 '아리랑'과 함께 등장해 남북 간 화해 분위기를 높였답니다. 2000년 남북 정상 회담 때와 우리나라 대학가에서도 한반도기를 자주 볼 수 있었지요.

앞으로 남북이 통일된다면 어떤 깃발을 사용하면 좋을까요? 여러분도 한번 생각해 보세요.

한반도기
흰 바탕에 한반도 지도를 그린 한반도기의 모습이에요.
이 깃발은 남북 평화와 통일의 기원을 담고 있어요.

★선사 시대
기원전
약 70만 년 전 구석기 시대
약 8000년경 신석기 시대
2333년 고조선 건국
400년경 철기 문화의 보급
108년 고조선 멸망

★삼국 시대
기원전
57년 신라 건국
37년 고구려 건국
18년 백제 건국

서기
44년경 가야 건국
194년 고구려 진대법 실시
384년 백제 침류왕, 불교 공인
427년 고구려 장수왕, 평양으로 도읍 옮김
520년 신라 법흥왕, 율령 반포
538년 백제의 성왕, 사비로 도읍 옮김
562년 신라의 진흥왕, 대가야를 정복
612년 고구려의 살수 대첩 승리
648년 신라와 당의 동맹
660년 백제 멸망
668년 고구려 멸망
676년 신라의 삼국 통일

★남북국 시대
698년 발해 건국
751년 신라, 불국사와 석굴암 건설
828년 신라 장보고, 청해진 설치
900년 견훤, 후백제 건국
901년 궁예, 후고구려 건국
918년 왕건, 고려 건국
926년 발해 멸망
935년 신라 멸망

★고려 시대
936년 후백제 멸망, 고려의 후삼국 통일
956년 광종, 노비안검법 실시
958년 광종, 과거 제도 실시
993년 서희, 강동 6주 탈환
1019년 강감찬의 귀주 대첩
1126년 이자겸의 난
1135년 묘청의 서경 천도 운동
1145년 김부식, 《삼국사기》 완성
1170년 무신의 난
1198년 노비 만적의 봉기
1231년 몽골의 1차 침입
1236년 팔만대장경 조판 시작
1270년 삼별초의 항전
1285년 일연, 《삼국유사》 완성
1356년 공민왕의 개혁 정치 시작
1359년 홍건적의 침입
1376년 최영, 왜구 정벌
1388년 이성계, 위화도 회군

★조선 시대
1392년 고려 멸망, 조선 건국
1394년 한양 천도
1395년 경복궁 완성
1413년 호패법 제정
1418년 세종 즉위
1420년 집현전 설치
1446년 훈민정음 반포
1485년 《경국대전》 완성
1519년 기묘사화
1592년 임진왜란, 한산도 대첩
1593년 행주 대첩

1597년 명량 해전
1610년 허준,《동의보감》완성
1627년 정묘호란
1636년 병자호란
1708년 전국에 대동법 실시
1725년 영조, 탕평책 실시
1750년 균역법 실시
1776년 규장각 설치
1785년 천주교도 처형
1796년 수원 화성 완성
1805년 안동 김씨의 세도 정치 시작
1860년 최제우, 동학 창시
1861년 김정호,〈대동여지도〉완성

★근대
1863년 고종 즉위, 흥선 대원군 집권
1866년 병인양요
1868년 경복궁 중건
1871년 신미양요
1875년 운요호 사건
1876년 강화도 조약 체결
1882년 임오군란, 미국과 통상 조약 체결
1884년 갑신정변, 우정국 설치
1894년 동학 농민 운동, 갑오개혁
1897년 대한 제국 성립
1905년 을사조약
1907년 헤이그 특사 파견, 고종의 퇴위
1909년 안중근, 이토 히로부미 처단
1910년 한일 병합
1919년 3·1운동, 대한민국 임시 정부 수립
1920년 봉오동 전투, 청산리 대첩
1926년 6·10 만세 운동
1929년 광주 학생 항일 운동
1932년 이봉창, 윤봉길 의거
1936년 손기정, 베를린 올림픽 마라톤 우승
1940년 광복군 결성

★현대
1945년 8·15 광복
1946년 제1차 미·소 공동 위원회
1948년 대한민국 정부 수립
1950년 6·25 전쟁
1953년 휴전 협정 조인
1960년 4·19 혁명
1961년 5·16 군사 쿠데타
1965년 한일 협정 조인
1970년 경부 고속도로 개통
1972년 7·4 남북 공동 성명
1980년 5·18 광주 민주화 운동
1987년 6월 민주 항쟁
1988년 서울 올림픽 개최
1997년 IMF 외환 위기
2000년 남북 정상 회담, 6·15 남북 공동 선언
2002년 한일 월드컵 공동 개최

사진 제공과 출처

고려대학교 박물관 94_척경입비도

국립공주박물관 53_석수

국립고궁박물관 171_인체상

국립중앙박물관 14_빗살무늬 토기 18_비파형 동검 22_철제 무기 25_세형 동검 34_초두 42_오리 모양 토기 53_관꾸미개 112_팔만대장경 목판본 113_고려 시대 실물 금속 활자 115_청자은구대접 115_청자 연꽃넝쿨 무늬 매병 146_송시열 154_규장각도 162_고종 어진 170_정선의 산수도 170_김홍도의 서당 170_신윤복의 연당의 여인

규장각 한국학연구원 18_삼국유사 120_도성도 140_광해군 일기 169_조선왕조실록

국립경주박물관 56_이차돈 순교비

서울역사박물관 171_동의보감

두피디아 24_선사 시대 움집터의 모습 64_낙화암 196_국립 4·19 민주 묘지

연합포토 200_남북 지도자의 첫 만남 205_한반도기

청아출판사 30_국내성 38_나정 47_광개토 대왕릉비 64_정림사지 5층 석탑 68_경주 문무 대왕릉 72_동모산 76_국사암 석조여래입상 80_청해진 86_태조 현릉 98_문신상과 무신상 106_강화 고려 궁터 130_연산군의 묘 142_삼전도비 150_탕평비각

김소정 15_고인돌 34_백제의 토기 49_중원 고구려비 124_앙부일구 124_자격루 124_측우기 125_혼천의 158_척화비

* 니케주니어는 이 책에 실은 모든 자료의 출처를 찾기 위해 최선을 다했습니다.
  누락이나 착오가 있으면 저작권자가 확인되는 대로 사용 허가를 받고 통상의 사용료를 지불하겠습니다.

오천 년 한반도 역사 속을 달리는
한국사 버스

초판 1쇄 2021년 12월 15일
초판 2쇄 2023년 8월 15일

글쓴이 | 박찬구
그린이 | 서선미

펴낸이 | 이혜경

펴낸곳 | 니케북스
출판등록 2014. 04. 7 | 제 300-2014-102호
주소 | 서울시 종로구 새문안로 92 광화문 오피시아 1717호
전화 | (02)735-9515 | 팩스 (02)6499-9518
전자우편 | nikebooks@naver.com
블로그 | nikebooks.co.kr
페이스북 | www.facebook.com/nikebooks
인스타그램 | www.instagram.com/nike_books

ⓒ 니케북스 2021
ISBN 978-89-98062-38-5 73910

니케주니어는 니케북스의 아동·청소년 브랜드입니다.
책값은 뒤표지에 있습니다.
잘못된 책은 구입한 서점에서 바꿔 드립니다.

어린이제품 안전특별법에 의한 표시사항
제조자명 니케북스 제조국 대한민국 사용연령 8~13세 제조년월 판권에 별도 표기
주소 서울시 종로구 새문안로 92 광화문 오피시아 1717호 연락처 02-735-9515
⚠ 주의사항 책 모서리나 종이에 긁히거나 베이지 않게 조심하세요.